Eingewöhnung in der Peer

Der Start in Krippe und Kita mit dem Tübinger Modell

Heike Fink

Klett Kita

Impressum

ISBN: 978-3-96046-224-8
Eingewöhnung in der Peer
Der Start in Krippe und Kita mit dem Tübinger Modell

Redaktion	Myriam Bork
Autorin	Heike Fink
Gestaltung und Satz	DOPPELPUNKT, Stuttgart
Druck	Paper & Tinta, Nadma

Klett Kita GmbH
Rotebühlstr. 77
70178 Stuttgart
www.klett-kita.de

Bildnachweis

Gettyimages
S. 6: Maskot | S. 9: Sydney Bourne | S. 12: FangXiaNuo | S. 18: PeopleImages | S. 24: Manu Vega | S. 29: Jose Luis Pelaez Inc | S. 31: lostinbids | S. 33: Rawpixel | S. 35: Catherine Falls Commercial | S. 38: Luis Alvarez | S. 40: Mykola Sosiukin | S. 44: zakokor | S. 51: Jasmin Merdan | S. 56: Nora Carol Photography | S. 59: freemixer | S. 66: AJ_Watt | S. 70: Tim Hawley | S. 73: LumiNola | S. 76: MissTuni | S. 78: Jamie Garbutt | S. 80: Natalia Lebedinskaia | S. 83: Catherine Delahaye | S. 84: Mikael Vaisanen | S. 88: rafalkrakow | S. 89: galina-kovalenko | S. 93: FatCamera

Adobestock
S. 17, 22: Rawpixel.com

Autorinnenfoto
Fany Fazii

Coverbild
Gettyimages/StefaNikolic

Inhalt

Vorwort

Immer mehr Fachkräfte in Kindertageseinrichtungen sind unzufrieden mit der Eingewöhnungspraxis in ihrer Kindertageseinrichtung. Sie empfinden die monatelang andauernde Phase der Einzeleingewöhnungen und den daraus entstehenden Druck, die Kinder möglichst schnell eingewöhnen zu müssen, als sehr belastend. Das Bedürfnis, an dieser Stelle strukturell und konzeptionell etwas verändern zu wollen, wächst – die Einschränkungen während der Pandemie haben das Dilemma noch verstärkt. Geplante Eingewöhnungen mussten verschoben werden und haben sich angestaut, bereits eingewöhnte Kinder mussten nach den Schließungen erneut eingewöhnt werden.

Das *Tübinger Modell der Eingewöhnung in der Peer* ermöglicht, mehrere Kinder gleichzeitig aufzunehmen. Dies verkürzt die Dauer der Eingewöhnungen und die Tatsache, dass in der Regel zwei Fachkräfte die Eingewöhnung begleiten, nimmt den Druck und schafft für alle Beteiligten eine entspanntere Atmosphäre – auch für die Familien.

Das Hauptaugenmerk und der besondere Gewinn liegen aus fachlicher Sicht jedoch nicht in den strukturellen Verbesserungen, sondern dem Mehrwert für die Bildungs- und Entwicklungsprozesse der Kinder. Aber warum nicht das Gute mit dem Nützlichen verbinden?

Die Eingewöhnung in eine Kindertageseinrichtung ist für Kinder eine große Chance und ein positives Lebensereignis, wenn diese im Rahmen eines fachlich fundierten und professionell verankerten Eingewöhnungskonzeptes bewältigt werden kann. Mit der Begleitung und Unterstützung pädagogischer Fachkräfte, die ihrer pädagogischen Arbeit ein aktuellen wissenschaftlichen Erkenntnissen entsprechendes Bild vom Kind zugrunde legen, können die Kinder diese Zeit als positiv herausfordernd und nicht belastend erleben.

Erfahren Sie, welche Bedeutung die Peer bei der Bewältigung des Übergangs hat und wie Sie diesen Prozess als pädagogische Fachkraft begleiten und unterstützen können. Neben hilfreichen Anregungen und Beispielen aus der Praxis enthält das Buch wichtige theoretische Grundlagen über die Bedeutung von Bindung, Übergangsgestaltung und vor allem über Peer-Beziehungen und deren positiven Effekt für kindliche Bildungs- und Entwicklungsprozesse.

Das Buch soll Ihnen Sicherheit und Orientierung geben und Sie dabei unterstützen, Ihr bisher praktiziertes Eingewöhnungskonzept zu reflektieren und entsprechend der Eingewöhnung in der Peer zu verändern.

Übergangs-gestaltung durch „Eingewöhnung"?

Was einen gelungenen Übergang ausmacht

Die Planung und Gestaltung des Übergangs von der Familie in die Kindertageseinrichtung stehen bei fachlichen, strukturellen und inhaltlichen Überlegungen meist weit oben auf der Agenda, wenn es darum geht, eine Konzeption zu erstellen. Bislang orientieren sich Einrichtungen an einigen wenigen evaluierten und publizierten Modellen, wie z. B. dem Berliner und dem Münchener Modell, die unterschiedlich tiefgehend empirisch belegt, aber dennoch für die Praxis richtungsweisend sind bzw. waren.

Das *Tübinger Modell der Eingewöhnung in der Peer* denkt die bestehenden Modelle basierend auf aktuellen Forschungen weiter und berücksichtigt neben der sehr erwachsenenzentrierten Bindungstheorie auch die Bedeutung von Peer-Beziehungen und Peer-Interaktionen für frühkindliche Entwicklungs- und Bildungsprozesse. Diese Erkenntnisse im Bereich der Peer-Forschung machen ein Umdenken und einen neuen Blick auf die Phase der Eingewöhnung unabdingbar.

Übergangsgestaltung durch „Eingewöhnung"?

In der pädagogischen Praxis ist der Begriff der Eingewöhnung etabliert, jede:r weiß, um welche Phase es sich handelt und dass sich traditionell die Gestaltung des Übergangs von der Familie in die Krippe bzw. von der Krippe in die Kita dahinter verbirgt. Aus fachlicher Sicht wäre eine Aktualisierung des Begriffes dringend notwendig, da *Eingewöhnung* impliziert, Kinder an die Institution und seine Kultur zu *gewöhnen*. Das ist ein großer Widerspruch, wenn das Bild vom Kind das eines aktiven und kompetenten Kindes ist, das im Prozess partizipiert und an Entscheidungen aktiv beteiligt ist.

Eingewöhnung umfasst vielmehr den aktiven Bewältigungsprozess des Kindes, entsprechend seinen Bedürfnissen und Interessen Beziehungen zu Fachkräften, Kindern und der Einrichtung aufzubauen, um auf einer stabilen, sicherheitsgebenden Basis zu explorieren und sich zu einer „selbstbestimmten, eigenverantwortlichen und gemeinschaftsfähigen Persönlichkeit" (SGB VIII § 22) zu entwickeln. Die Aufgabe der Fachkräfte ist es, diesen Prozess professionell zu begleiten und dessen Bewältigung sicherzustellen.

Eingewöhnung nach Modell?

Kitas orientieren sich bei der Umsetzung der Eingewöhnung an Modellen und theoretischen Grundlagen, die für alle Pädagog:innen wegweisend und handlungsleitend sein sollten. Am weitesten verbreitet und am besten bekannt sind sicherlich das Berliner (Laewen, Andres, & Hédervári, 2007) und das Münchener Modell (Winner & Erndt-Doll, 2009).

Die Verschriftlichung und modellhafte Darstellung in der Konzeption und im Qualitätshandbuch sind wichtig, um das geplante Vorgehen für alle Beteiligten transparent zu machen. Ein Modell als solches bietet der Praxis ein Geländer, an dem man sich festhalten kann, um mit dem Träger, im Team und in der Zusammenarbeit mit Familien Sicherheit und Orientierung hinsichtlich des Verlaufs geben zu können. Berufsunerfahrenen und/oder fachlich weniger souveränen Fachkräften hilft ein solches Geländer, um wichtige Handlungsschritte zu kennen und begründen zu können. Fachkräfte mit mehr Erfahrung und gesicherter fachlicher Expertise entscheiden situativ, wann sie das Geländer loslassen und anstehende Schritte im Eingewöhnungsprozess mit Blick auf die Kinder und deren Bedürfnisse planen.

Eingewöhnung – in der Peer!

Die Schritte des *Tübinger Modells der Eingewöhnung in der Peer* basieren tendenziell auf denen des Berliner Modells – erweitert durch die Bedeutung von Peer-Beziehungen und Peer-Interaktionen. Das Berliner Modell berücksichtigt ausschließlich das trianguläre Verhältnis von familialer Bezugsperson, pädagogischer Fachkraft und Kind – streng genommen sogar in den ersten Tagen isoliert von anderen Kindern. Doch entspricht diese Vorgehensweise nicht den aktuellen Erkenntnissen über Entwicklungs- und Bildungsprozesse von Kindern.

Die Eingewöhnung in der Peer sieht die Gestaltung des Übergangs im Kontext eines aktiven und partizipierenden, kompetenten Kindes. Es sind nicht die Erwachsenen, die dafür sorgen müssen, dass das vermeintlich hilflose Kind sich sicher fühlt und eine Beziehung aufbaut, sondern das Kind selbst entscheidet, zu wem, in welchem Tempo und mit welcher Intensität es zu den beteiligten Personen – Kindern wie Erwachsenen – eine Beziehung aufbauen möchte.

Warum in der Peer eingewöhnen?

Das Ziel eines reflektierten Eingewöhnungskonzeptes ist, den Kindern und ihren Familien in der Eingewöhnungsphase den Rahmen zu bieten, dass diese über den gesicherten Beziehungsaufbau mit Peers und Fachkräften mit der Kindertageseinrichtung vertraut werden, Entwicklungsaufgaben bewältigen und Bildungs- und Entwicklungsprozesse bearbeiten können.

Kinder sind kompetent und motiviert, die Bewältigung des Übergangs von der Familie in die Krippe oder auch von der Krippe in die Kita aktiv im Austausch mit anderen Kindern mitzugestalten. Die anderen Kinder, die Peers, sind von größter Bedeutung für einen gelingenden Übergang.

Aktive Prozesse in kleinen Gruppen

Aufgabe der Pädagog:innen ist es, diesen Übergang zu moderieren, zu begleiten und zu unterstützen. Durch die Anwesenheit mehrerer neuer Kinder und mindestens zwei Eingewöhnungsfachkräften profitieren die Kinder von geteilten, gemeinsam konstruierten Bildungsprozessen mit Gleichaltrigen und können selbst entscheiden, zu wem sie eine Beziehung aufbauen möchten.

Die Peer startet in einem separaten Raum, um zu gewährleisten, dass die Kinder sich alle in der gleichen Ausgangssituation befinden und wenig Macht- bzw. Kompetenzunterschiede bestehen. Peers können in dieser geschützten kleinen Gruppe auf einem symmetrischen Niveau (Schneider/Wüstenberg 2014) interagieren und ihre emotionalen wie auch kognitiven Bildungsinteressen und -aufgaben, wie z. B. die Bewältigung des Übergangs ko-konstruieren. Hier distanziert sich die Eingewöhnung in der Peer z. B. vom Münchener Eingewöhnungsmodell, das von Beginn an auf Kita-erfahrene Kinder im Sinne von Expert:innen zur Unterstützung setzt und diese als Eingewöhnungshelfer:innen sieht. In der ebenbürtigen Peer befinden sich alle Kinder in der gleichen Situation, somit liegt der Fokus auf der gemeinsamen Bearbeitung und Bewältigung des Übergangs.

Der nach wie vor entscheidende individuelle Blick der Fachkräfte auf jedes einzelne Kind gewährleistet die Partizipation und aktive Mitentscheidung bei wichtigen, den weiteren Verlauf der Eingewöhnung betreffenden Schritten (Fink 2022).

Die Eingewöhnung erfolgt …

- … unter Beachtung der frühen Bindungen des Kindes an seine Familie.
- … mit der Kenntnis verschiedener Strategien und Konzepte der Stress- und Überforderungsvermeidung.
- … durch die gemeinsame Bewältigung von Entwicklungsaufgaben innerhalb der Peer.
- … durch die Unterstützung und Begleitung von Peer-Interaktionen und -beziehungen.
- … durch die Zusammenarbeit aller Beteiligten – Kinder, Bezugspersonen, Fachkräfte.

5 Faktoren für einen gelingenden Übergang

1. Fachkraft-Kind-Interaktionen:
Das Verhalten der pädagogischen Fachkräfte und deren professionelle Handlungskompetenz sind entscheidend, ob es den Kindern gelingt, zu den Eingewöhnungsfachkräften und den Peers eine sichere Beziehung aufzubauen. Sie sind es, die die Signale und Bedürfnisse der Kinder beobachten, analysieren und interpretieren, um das weitere Vorgehen zu moderieren und jedes einzelne Kind, aber auch die Peergroup und die Interaktionen zwischen den Peers zu begleiten und zu unterstützen.

2. Kindliches Temperament und (Bindungs-)Verhalten
Bei der Eingewöhnung in der Peer können die individuelle Persönlichkeit und der Charakter ausschlaggebend dafür sein, wie Kinder auf die neue Situation und die neue Umgebung reagieren, welche Reaktionen sie bei Peers hervorrufen und welche (Peer-)Beziehungen sie eingehen. Unter Umständen suchen sie sich gezielt ein Umfeld oder Personen, die ihrem eigenen Temperament entsprechen, und gehen hier Beziehungen ein (Zentner, 2000). Auch die Feinfühligkeit der Eltern bzw. der Familie hat großen Einfluss auf die Bindungsqualität (Becker-Stoll, 2014). Kinder brauchen von Geburt an verlässliche Bezugspersonen, die feinfühlig und responsiv auf ihre Bedürfnisse reagieren. Der Aufbau tragfähiger Beziehungen geschieht über die Wahrnehmung und richtige Interpretation der kindlichen Signale und eine zeitnahe und angemessene Reaktion.

3. Verhalten der familialen Bezugspersonen
Die Gefühle der Bezugspersonen in der Eingewöhnungssituation beeinflussen das Kind und die Peer. Wenn sie auf diese Phase gut vorbereitet sind und Vertrauen in das Konzept und die Fachkräfte entwickeln konnten, wird sich dies positiv auf die Bewältigung der Eingewöhnung beim Kind auswirken – haben die Erwachsenen Sorgen und Ängste, sind sie angespannt, gestresst und/oder kritisch, kann sich das auf das Verhalten der Kinder übertragen.

4. Qualität der Einrichtung
Eine qualitativ hochwertige Kindertageseinrichtung unterstützt die Eingewöhnung der Kinder durch ein fachlich fundiertes Eingewöhnungskonzept und hochqualifizierte, verlässliche und feinfühlige Fachkräfte, die sie professionell und konstant begleiten. Die vertrauensvolle Zusammenarbeit mit den Familien und die kind- und ressourcenorientierte Unterstützung von Bildungs- und Entwicklungsprozessen werden durch eine geeignete Raum- und Materialausstattung ergänzt.

5. Peer-Interaktionen
Kinder brauchen nicht nur befriedigende Beziehungen zu Erwachsenen, um in einer Kita anzukommen – nahezu alle Kinder interessieren sich mehr für ihresgleichen als für die neuen Erwachsenen. Die Kinder unterstützen sich gegenseitig, sind empathisch und bearbeiten die Entwicklungsaufgabe Übergangsbewältigung ko-konstruktiv: jedes Kind bringt sich selbst ein, um sich zugehörig zu fühlen.

Entwicklungsaufgabe *Übergangsbewältigung*

Große Übergänge wie der von der Familie in die Krippe, als erster Bildungsinstitution in der Bildungsbiografie eines Menschen, werden als Transitionen (Griebel & Niesel 2020) bezeichnet und sind für alle Beteiligten von weitreichender Bedeutung. Forschungen zeigen, dass Kinder ausreichend Zeit benötigen, diesen Übergang in Begleitung ihrer primären Bezugspersonen zu bewältigen. Voraussetzung für die gelingende Bearbeitung dieser Entwicklungsaufgabe ist, dass wir den Kindern hierfür Zeit und Raum gewährleisten, sich neu zu orientieren, Veränderungen im Alltag und im gewohnten System kennen und verstehen zu lernen und eine neue Identität als Kita-Kind zu entwickeln.

Einen Übergang zu bewältigen, bedeutet für junge Kinder, viele unterschiedliche Herausforderungen zu meistern. Dazu gehören:

- Sicherheit darüber zu gewinnen, dass sich die Beziehung zu den Bezugspersonen nicht verändert und die Eltern immer wiederkommen;
- neue und tragfähige Beziehungen zu den Fachkräften aufzubauen;
- neue Beziehungen zu anderen Kindern aufzubauen;
- starke Emotionen zu bewältigen (z. B. Trennungsschmerz);
- sich auf eine neue Umgebung und einen neuen Tagesablauf einzustellen.

Übergang für die ganze Familie

Das ganze System – also auch die Familie des Kindes – befindet sich in einer Transition, da sich der Alltag und auch das Rollenverständnis mit dem Eintritt des Kindes in die Kita verändert. Eltern verlieren in vielen Dingen, die ihr Kind betreffen, ihren Exklusivitätsanspruch und stehen vor der Frage, ob sie ihr Kind loslassen und guten Gewissens den Fachkräften anvertrauen können. An wen können sich die Bezugspersonen aus der Familie wenden, um mit der neuen Situation vertraut zu werden, die Abläufe zu verstehen oder wenn der Übergang schwerfällt? Die Eingewöhnung in der Peer bietet hier die Chance, dass sich die Bezugspersonen in ihrer Erwachsenen-Peer gegenseitig unterstützen. Die Eltern befinden sich in der gleichen Situation und müssen sich mit ähnlichen emotionalen, aber auch strukturellen Herausforderungen auseinandersetzen. Dieses Gefühl, nicht allein zu sein, wird in Forschungsprojekten der Autorin als sehr hilfreich wahrgenommen.

Für die Familien bedeutet der Eintritt ihres Kindes in die Kindertageseinrichtung:

- sich erstmals für längere Zeit vom Kind zu lösen;
- eine vertrauensvolle Zusammenarbeit zu den Fachkräften aufzubauen;
- die Beziehung zum eigenen Kind weiterzuentwickeln;
- ein positives Selbstbild als Eltern, deren Kind eine Kindertageseinrichtung besucht, zu entwickeln;
- den eigenen Übergang – z. B. die Rückkehr in den Beruf – zu bewältigen.

Pädagogisches Handeln braucht eine theoretische Grundlage

Fachliche Sicherheit macht sprachfähig

Ein bestehendes Konzept zu verändern, Rahmenbedingungen und strukturelle Gegebenheiten neu zu organisieren, erscheint auf den ersten Blick einfach und zügig umsetzbar. Doch ist es elementar, sich im Vorfeld mit dem gesamten Team gründlich darauf vorzubereiten – auf struktureller und vor allem auf der fachlichen Ebene. Nutzen Sie die Chance, im Rahmen dieses Veränderungsprozesses den fachlichen Diskurs im Team zu führen, bevor Sie sich der organisatorischen und strukturellen Umsetzung zuwenden.

Die folgenden Seiten nehmen die theoretischen und fachlichen Grundlagen der Bindungstheorie und Transitionsforschung, der Bildungstheorie und die neuesten Erkenntnisse der Peerforschung in den Fokus.

Theoretische Grundlagen

Ein Eingewöhnungskonzept besteht nicht (nur) aus organisatorischen Prozess- und Ablaufbeschreibungen. Es ist letztlich aus den Überlegungen entstanden, wie in kindheitspädagogischen Einrichtungen, basierend auf bewährten und aktuellen Theorien und fachlichen Auseinandersetzungen, der Prozess (die Eingewöhnung) bestmöglich umgesetzt werden kann, den Kinder für einen gelingenden Übergang in die Kita benötigen.

Darüber hinaus sind für den Übergang Querschnittsthemen relevant, die in jeder Kita präsent sind: Was bedeutet es, mit Kindern in Interaktion zu gehen? Wie unterstütze ich Peer-Beziehungen? Welche Routinen praktiziere ich und warum? Welche Vorstellungen habe ich von der Zusammenarbeit mit einzelnen Fachkräften, im Team? Mit Familien? Diese Querschnittsthemen gilt es aufzuspüren und zu bearbeiten.

Bauen Sie auf bisherigem Wissen auf

Doch keine Angst: Es gilt jetzt nicht, alle bisherigen Überlegungen einfach über Bord zu werfen, sondern das Vorhandene zu reflektieren, zu überdenken und zu ergänzen. Pädagogisches Handeln sollte immer auf der Basis fachlichen Wissens geschehen – Pädagog:innen sollten sprachfähig sein, ihr Handeln fachlich fundiert zu begründen: für sich, das Team, die Kinder und ihre Familien!

Ihr Eingewöhnungskonzept zu verändern bietet die Gelegenheit, sich im Team über Grundlagen auszutauschen, in der Ausbildung oder im Studium Gelerntes wieder aufzufrischen und weiterzuentwickeln. Wenn alle im Team aus fachlicher Sicht die gleiche Ausgangssituation haben, kann es ein Leichtes sein, das Konzept der Eingewöhnung in der Peer für die eigene Einrichtung stimmig zu entwickeln.

Reflexion: Welche Haltung prägt mein pädagogisches Handeln?

- Beschreibe ich Kinder als aktiv und kompetent?
- Welche Rechte räume ich Kindern in der Gesellschaft/der Kita ein?
- Wo und in welcher Form können Kinder im Alltag und darüber hinaus partizipieren?
- Welches Bildungsverständnis prägt meine Begleitung und Unterstützung der Bildungs- und Entwicklungsprozesse? Was denke ich, wie Kinder lernen?
- Welche fachlichen Kenntnisse zu Peer-Interaktion und -beziehungen habe ich?
- Welche Interaktionsmethoden kenne und welche praktiziere ich?
- Wie interpretiere ich meine Rolle und meinen Stellenwert aus bindungstheoretischer Perspektive?
- Bei wem liegen Initiative und Auftrag in puncto Beziehungsaufbau?
- Wer ist Bezugsfachkraft? Ansprechpartner:in? Für wen? In welchen Angelegenheiten?
- Welche Art von Zusammenarbeit und gegenseitiger Reflexion und Beratung pflegen wir im Team?
- Welche Vorstellung von Zusammenarbeit mit Familien zeigt sich im Team?

Was sagt uns die Bindungstheorie?

Wenn Pädagog:innen das kindliche Bedürfnis nach Bindung begründen, beziehen sie sich in der Regel auf ihr Wissen um die auf Bowlby (1975) zurückgehende und im kindheitspädagogischen Bereich von Grossmann und Grossmann (2009 und 2012) bekannt gewordene Bindungs- bzw. Attachmenttheorie. Erste Ausführungen zum Thema entstanden aus disziplinärer Sicht im Bereich der Psychoanalyse. Der damalige Fokus lag auf der sozialen und emotionalen Entwicklung des Kindes entsprechend verhaltensbiologischer Analysen.

Die Bindungstheorie impliziert, dass Kinder die Erfahrungen, die sie mit ihren primären Bezugspersonen machen, als „inneres Arbeitsmodell" speichern und für alle weiteren Beziehungen nutzen. Dies würde bedeuten, dass Kinder erst in Beziehungen mit Erwachsenen Erfahrungen sammeln und lernen müssten, bevor sie sich mit Peers auseinandersetzen und hier Beziehungen aufbauen (Schneider & Wüstenberg, 2021). Die Bindungsbeziehung zu Erwachsenen ist für die kindliche Entwicklung von großer Bedeutung und es soll nicht darum gehen, ihr diese abzusprechen.

Der Blick auf Bindung wurde mittlerweile jedoch durch weitreichende Forschungen weiterentwickelt. Die ursprünglichen Untersuchungen Bowlbys zu den Auswirkungen der Kontinuität von Bindungserfahrungen erfahren mittlerweile einen differenzierteren Blick auf die Qualität des Umgangs mit positiven und negativen Erfahrungen in engen Beziehungen (Grossmann 2014).

Multiple Bindungsnetzwerke

Die Bedürfnisse von Kindern werden heutzutage nicht mehr nur auf Sicherheit und Geborgenheit reduziert. Das Bild vom Kind ist nicht mehr das eines hilflosen und schutzbedürftigen, sondern das eines aktiven und kompetenten Wesens, das sich die Welt in Interaktion mit seinen Bindungspersonen und weiteren für das Kind interessanten Personen, in sogenannten multiplen Bindungsnetzwerken, die aus Erwachsenen und in der Regel Kindern bestehen (Keller, 2019), und seiner Umwelt erschließt.

Forschungen zu Peer-Interaktionen erweitern die bzw. widersprechen der bisherigen Annahme, dass Bindungserfahrungen chronologisch, d. h. erst zu Erwachsenen, dann zu Kindern möglich und förderlich sind. Sie zeigen, dass Kinder bereits sehr früh mit anderen Kindern kommunizieren und Themen bearbeiten, die in Interaktionen mit Erwachsenen nicht vorkommen.

Die Peer gibt Sicherheit

Bindung ist also mehr als eine asymmetrische Beziehung zu einigen wenigen sicherheitsgebenden Erwachsenen, die als Bindungspersonen nahezu unersetzbar gezeichnet werden. Auch die Beziehung unter Kindern gibt Sicherheit, durch die Möglichkeit, auf emotionaler und kognitiver Ebene Fragen, Ängste und Aufgaben symmetrisch reziprok zu bearbeiten.

Für die pädagogische Praxis bedeutet dies, (Bindungs-)Beziehungen nicht auf einer hierarchischen Ebene zu betrachten. Aktuelle Forschungen zeigen, dass Kinder durchaus in der Lage sind, zu unterschiedlichen Personen unterschiedlich intensive Bindungsbeziehungen entwickeln können. Mit Blick auf die Praxis von Kindertageseinrichtungen und die Rolle der Fachkräfte wird hier bewusst zwischen Bindung und Bindungsbeziehung differenziert. Kind-Fachkraft-Beziehungen und Peer-Beziehungen stehen von ihrer Bedeutsamkeit auf gleicher Ebene und ergänzen sich.

Bindung oder Bindungsbeziehung? Entscheidend ist die Qualität!

Es ist unter Bindungsforscher:innen unbestritten, dass pädagogische Fachkräfte zu sicherheitsgebenden Bindungspersonen werden können. Fachkräften ist dies laut Ahnert (2014, S. 263) im Rahmen einer stabilen Kindertagesbetreuung durchaus möglich, ohne ein Äquivalent zu den familialen primären Bezugspersonen zu sein. Da die Kind-Fachkraft-Beziehungen sich aus funktioneller und professioneller Sicht auf die Kita beschränken, müssen sie entwicklungspsychologisch anders interpretiert werden. Unsichere Bindungen im familiären Kontext können aber gleichwohl durch sichere Bindungsbeziehungen mit Pädagog:innen kompensiert werden (Howes & Hamilton, 1992). Aus der Perspektive des Kindes ist der Unterschied bzw. die Gemeinsamkeit der Bindungsbeziehungen in erster Hinsicht qualitativer Art und steht in engem Zusammenhang mit der Feinfühligkeit und Präsenz der Bezugspersonen.

Reflexion: Wie präsent sind Sie in der Interaktion?

- Wie werden kindliche Bedürfnisse nach psychischer und physischer Sicherheit, Zuwendung, Nähe und Assistenz befriedigt?
- Welche Art von Begleitung erfährt das Kind bei der Regulation von emotionalen Themen und der Reduzierung von Stress?
- Nehmen die Bezugspersonen die Interessen und Bedürfnisse der Kinder wahr?
- Wie gehen die Erwachsenen in Interaktion mit dem Kind/den Kindern?
- Welche Impulse werden gesetzt?
- Wird das kindliche Bedürfnis nach Autonomie unterstützt?
- Wie unterstützt die Bezugsperson das Kind bei der Bearbeitung von Bildungs- und Entwicklungsprozessen?

Die Grundlage in der Familie

Die primären Bezugspersonen von Kindern sind aus rechtlicher, aber vor allem aus emotionaler Sicht in der Regel die familialen Bezugspersonen. Erste Bindungserfahrungen machen die Kinder in der Familie und hier werden die Weichen gelegt, welche Qualität die Bindung aufweist und mit welchen Bindungserfahrungen die Kinder im erweiterten Umfeld sozialen Kontakten begegnen und Beziehungen eingehen. Ein großer Schritt für Kinder ist der Übergang von der Familie in eine institutionelle Betreuung. Die pädagogischen Fachkräfte erweitern den Kreis der erwachsenen Beziehungspersonen durch ein feinfühliges, empathisches Begleiten und die Unterstützung der kindlichen Bedürfnisse und deren Bildungsinteressen.

Erweiterung durch die Eingewöhnungsfachkräfte

Bislang liegt der Blick bei Eingewöhnungen entsprechend der klassischen Bindungstheorie auf einem ausschließlich erwachsenenzentrierten Anspruch an den Beziehungsaufbau zwischen Fachkraft und Kind. In der Eingewöhnung wird bei Einzeleingewöhnungen der Fachkraft die Aufga-

be zugeschrieben, eine Bindungsbeziehung zum Kind aufzubauen, die sich ähnlich der Bindung zu den primären Bezugspersonen der Familie entwickeln soll. Diese Bindungsbeziehung(en) sind wichtig, um den Kindern die sogenannte „sichere Basis" (Ainsworth, 1967) zu bieten, die notwendig ist, damit sie explorieren können. Die Aufgabe der pädagogischen Fachkräfte liegt in der Wahrnehmung und Interpretation (Grossmann & Grossmann & Gerwig, 2017) und der entsprechenden Unterstützung und Begleitung der Kinder.

Aus bildungswissenschaftlicher Sicht ist „Exploration nicht nur Ausdruck einer sicheren Bindung" (Drieschner, 2011, S. 23), sondern eine „Entstehungsbedingung von Bindung" (ebd.), was voraussetzt, dass kindliche Interessen wahrgenommen und kompetent und feinfühlig unterstützt werden. Hier liegt ein entscheidender Unterschied zu familialen Bindungsbeziehungen, da pädagogische Fachkräfte diese bildungsorientierte Dimension im Rahmen ihrer Beziehung zum Kind aufgrund ihrer Fachexpertise professionell begleiten und bearbeiten.

Die Eingewöhnung in der Peer begleiten

Zeigen Sie sich also präsent und signalisieren Sie den Kindern im Sinne einer sensitiven Responsivität (Remsperger, 2011), dass Sie ihre individuellen bindungs- und bildungsrelevanten Bedürfnisse, Interessen und Signale wahrnehmen. Bildungs- und Entwicklungsprozesse zu beobachten, zu analysieren, zu unterstützen und auch herauszufordern, sind Schlüsselkompetenzen kindheitspädagogischen Handelns. Dies erfordert im Eingewöhnungsprozess sowohl den Blick auf das einzelne Kind, die Peergroup und nach der Öffnung selbstverständlich auch auf die Gesamtgruppe.

Wenn Kinder neu in der Einrichtung starten, ist es entscheidend für den Beziehungsaufbau, dass Sie sowohl mit dem einzelnen Kind als auch der Peergroup in Interaktion treten, um Vertrauen aufzubauen. Initiieren und begleiten Sie kontinuierlich dyadische Interaktionen innerhalb einzelner Peers und/oder der kompletten Peergroup. Je nach Bindungs- und Explorationsaktivitäten der

2

Kinder wechseln Sie zwischen einem kindzentrierten bzw. gruppenzentrierten Fokus (Drieschner, 2011), um die den Übergang unterstützende Ressource der Peers zu nutzen.

Der Blick auf die Gruppe

Fachkraft-Kind-Bindungsbeziehungen entwickeln sich nach neueren Studien (Ahnert, 2020) durch das Verhalten der Pädagog:innen, welches stärker auf ein gruppenorientiertes als auf ein kindzentriertes Handeln zurückgeht. Bei der Eingewöhnung in der Peer ist es den Pädagog:innen von Beginn an möglich, in einem überschaubaren Rahmen gruppenbezogen zu handeln und zu den Kindern mittels ihres pädagogischen Engagements eine Beziehung aufzubauen. Sie respektieren dadurch, dass die Initiative, eine Beziehung aufbauen zu wollen, immer vom Kind ausgeht.

Beziehungsaufbau geht vom Kind aus

Die Tatsache, dass bei der Peer-Eingewöhnung mehrere Kinder mit mindestens zwei pädagogischen Fachkräften gleichzeitig starten, bietet den Kindern die Möglichkeit, aktiv zu entscheiden, zu wem sie eine Bindungsbeziehung aufbauen wollen und in welchem qualitativen und quantitativen Verhältnis sich die Interaktionen mit den Fachkräften und Peers aufteilen. Bei den bislang praktizierten Einzelgewöhnungen hat in der Regel die Einrichtung über die Person entschieden, welche den Übergang moderiert, und das Kind hat keine Möglichkeit, zu wählen bzw. mitzuentscheiden, wer es bei der Übergangsbewältigung begleiten wird. Die Eingewöhnung in der Peer bietet den Kindern die Möglichkeit, sich für eine von zwei Fachkräften zu entscheiden oder auch zu beiden eine Beziehung aufzubauen und parallel zu einzelnen oder auch mehreren Peers Kontakte zu knüpfen und in Interaktion zu treten.

Lassen Sie die Bindungsmuster-Schublade zu!

Kinder unterscheiden sich voneinander in ihrer Bindungssicherheit und ihrem Bindungsverhalten. Die sicheren, unsicher-vermeidenden, unsicher-ambivalenten und desorganisierten Bindungsmuster kennen alle Fachkräfte – doch Vorsicht! Die Bindungsmuster werden in Kitas oft unkritisch genutzt, um die Bindung der Kinder zu ihren familialen Bezugspersonen zu definieren, dabei braucht eine Beurteilung der Bindungssicherheit eine mehrjährige Schulung und obliegt entsprechend qualifizierten Personen. Der Einsatz in Kitas kann die vertrauensvolle Zusammenarbeit mit der Familie des Kindes gefährden, da sie häufig von Fehldiagnosen und Vorurteilen begleitet ist, die Eltern moralisch bewertet und unter Umständen sogar diskriminiert. Begegnen Sie den Kindern und Familien immer offen, kultursensitiv und vorurteilsbewusst!

Das Bild vom aktiven und kompetenten Kind

Im kindheitspädagogischen Diskurs besteht uneingeschränkte Einigkeit darüber, pädagogische Prozesse und Konzepte im Sinne eines kompetenten und aktiven Kindes zu betrachten. Bei der Eingewöhnung in der Peer steht diese Kompetenz im Mittelpunkt.

Jedes Kind bringt Wissen mit

Beim Start in die Kita ist ein Kind, auch wenn es sich um ein sehr junges Krippenkind handelt, durchaus in der Lage, bislang gemachte Erfahrungen und Kompetenzen auf die aktuelle Situation anzuwenden und weiterzuentwickeln. Es hat bereits gelernt, dass unterschiedliche Menschen – Erwachsene wie auch Kinder – auf unterschiedlichste Art mit ihm in Beziehung und in Interaktion treten. Gleichermaßen kennt es unterschiedliche Reaktionen auf das eigene Verhalten und Signale, die es zeigt und weiß, von wem und auf welche Weise es Sicherheit, Trost und Unterstützung erfährt. Diese sozialen Kompetenzen entwickelt das Kind kontinuierlich in Auseinandersetzung mit seiner sozialen Umwelt weiter. Innerhalb der Peer beobachtet das Kind die Verhaltensweisen der anderen Kinder, ahmt diese nach, experimentiert und erweitert sein Wissen im Rahmen direkt stattfindender Peer-Interaktionen. Es lernt gewissermaßen am Modell prosoziales Verhalten. Die Beziehung zwischen Fachkraft und Kind ist also nicht ausreichend, um Entwicklungsaufgaben zu meistern – die Kinder brauchen die ebenbürtige Beziehung zueinander.

Kinder sind soziale Wesen – von Anfang an

Unter *prosozialem Verhalten* verstehen wir alle Verhaltensweisen, die freiwillig und absichtlich zum Wohle anderer ausgeführt werden, wie z. B., wenn man anderen hilft, Dinge teilt, kooperiert, usw. Die Voraussetzung hierfür ist bereits bei Säuglingen als Anlage vorhanden und unter den passenden – meist von den Erwachsenen geschaffenen – Rahmenbedingungen werden diese Fähigkeiten gefördert und entfaltet. Für die Praxis bedeutet dies, Kinder als „sozial orientierte, eigenständige Persönlichkeiten" (Wüstenberg & Schneider , 2021, S. 32) zu betrachten und neben der Beobachtung von Bildungsinteressen den Fokus darauf zu lenken, wie sie „den Kontakt zu anderen Kindern suchen und aufnehmen" (ebd.).

Die Kompetenzen des Kindes stärken

Entscheidend für die Eingewöhnung in der Peer ist genau dieser Blick auf die Kompetenzen der Kinder. Sie sind es, die aktiv und kompetent entscheiden, mit wem und wie sie mit den beteiligten Personen in Beziehung treten wollen. Sie partizipieren und entscheiden mit, wann sie sich in der Lage fühlen, den nächsten Schritt im Eingewöhnungsprozess zu gehen. Sie entscheiden auch darüber, wenn der Schritt zu mutig angegangen wurde und es wieder einen Schritt zurück braucht, um ausreichend Sicherheit und Kompetenz zu erwerben. Ebenso beobachtet das Kind, wie Erwachsene zu ihm in Beziehung gehen oder diese sich untereinander verhalten. Wie sprechen die Fachkräfte mit den familialen Bezugspersonen, wie verhalten sich die Eingewöhnungsfachkräfte untereinander, wie reagieren diese auf Personen, die den separaten Raum betreten und nicht zur Peer gehören?

Es geht nicht darum, dem hilflosen, bedürftigen Kind bei der Übergangsbewältigung zu helfen. Die Aufgabe der Erwachsenen ist es vielmehr, die sozialen Kompetenzen und das Repertoire an Strategien und Methoden des Kindes beim Aufbau von Beziehungen wahrzunehmen und mit einem ressourcenorientierten Blick zu stärken.

Erweiterung der sicheren Basis durch Peers

Unter Gleichaltrigen ist das Kompetenz- und Machtverhältnis ungefähr ausgeglichen. Das ermöglicht ihnen, Spiele auszuhandeln und in eine gleichrangige Kooperation einzutreten, in der beide den gleichen Einfluss haben. Die dadurch ermöglichten positiven Beziehungserfahrungen erweitern die sichere Basis durch die Beziehung zu Ihnen als Eingewöhnungsfachkraft. Dies gibt den Kindern in der Phase der Eingewöhnung Sicherheit und Orientierung – sowohl über die Bindungsbeziehung mit Erwachsenen als auch über die Peer-Beziehungen.

Es ist wichtig zur Förderung und Unterstützung dieser Peer-Beziehungen, Interaktionen zwischen Kindern anzubahnen, zu moderieren und zu erweitern. Der soziale Austausch soll bewusst wahrgenommen und zugelassen werden. Ziel ist es, die gegenseitige Wahrnehmung zu unterstützen, indem Sie beispielsweise Handlungen sprachlich begleiten und die Kinder aufeinander aufmerksam machen, um im Alltag Kontakte anzuregen.

Spiegelneuronen machen es möglich

Neurowissenschaftliche Erkenntnisse belegen, dass das wechselseitige Senden und Empfangen von Signalen, um sich in einen anderen Menschen hineinzufühlen, der „Ausgangspunkt jeder zwischenmenschlichen Beziehung" (Wüstenberg & Schneider , 2021, S. 35) ist. Laut Stern (2005, S. 92) können mit der Aktivität der Spiegelneuronen Phänomene wie z. B. Empathie, Mitleid und Resonanz erklärt werden, was die Entwicklung von zwischenmenschlichen Beziehungen völlig unabhängig davon macht, ob Kinder diese mit Erwachsenen oder mit Peers eingehen.

Frühe Bindungserfahrungen und die frühkindliche Gehirnentwicklung

Nicht die Gene entscheiden über die spätere Leistungsfähigkeit des Gehirns, sondern die Erfahrungen, die das Kind bereits pränatal und in den ersten 5–6 Lebensjahren mit seinen wichtigsten Bezugspersonen und in Interaktion mit Peers macht.

Liebevolle, feinfühlige Interaktionen innerhalb emotional bedeutsamer Beziehungen stimulieren das frühkindliche Gehirn. Visuelle, auditive und taktile Reize werden mit dem sogenannten Limbischen System und dem präfrontalen Cortex vernetzt. Bedeutsam ist für die Entwicklung neuer Strukturen und Vernetzungen im Gehirn die Stimulation des emotionalen Zentrums (limbisches System), welches im Gegensatz zu Aktivitäten mit dem Handy oder Tablet nur in Beziehungen aktiviert wird.

Kinder lernen – aus sich selbst heraus

„Frühkindliches Lernen findet dann statt, wenn die Aktivität vom Kind ausgeht und es selbst erkundet, handelt, begreift, erfährt – mit möglichst vielen Sinnen und in emotionaler Sicherheit" (Becker-Stoll, 2015). Wenn Kinder intrinsisch motiviert ihr Umfeld entdecken können, hat das die gleiche Wirkung wie eine kleine Belohnung: es ermuntert sie, immer weiter zu verstehen und lernen zu wollen. Dieses Lernen muss bei Kindern im Gegensatz zu uns Erwachsenen vom Kind selbst initiiert und aktiv erfahren werden und kann nicht über Erklärungen und Wissensvermittlung stattfinden.

Die Explorationsbereitschaft von Kindern benötigt emotionale Sicherheit durch Bindungsbeziehungen und eine vertrauensvolle Umgebung. Ist diese nicht gegeben, können sich Kinder nicht aktiv mit ihrer Umwelt auseinandersetzen. Kinder lernen in und durch Beziehungen mit Erwachsenen und Kindern und im Rahmen dieser sozialen Interaktionen werden die angeborenen Spiegelneuronen stimuliert und können sich „entfalten" (ebd.).

Was sagt uns die Bildungstheorie?

Aus bildungstheoretischer Sicht liegt unserem pädagogischen Handeln in Kindertageseinrichtungen die Theorie des Sozialkonstruktivismus zugrunde. Aus dem philosophischen Ansatz des Konstruktivismus hat sich die Ko-Konstruktion entwickelt, die davon ausgeht, dass es notwendig ist, die Welt zu interpretieren, um sie zu verstehen (Fthenakis, 2009). Auf der Ebene der Fachkraft-Kind-Beziehung liegt das Ziel des pädagogisch-didaktischen Ansatzes der Ko-Konstruktion in der sozialen Interaktion, dem „Lernen durch Zusammenarbeit" (ebd.).

Sie als Pädagog:in begleiten die Bildungsprozesse der Kinder in Interaktionsprozessen bewusst ko-konstruktiv. Youniss verwendet hierfür den Begriff der **komplementären Reziprozität** – eine sich durch Andersartigkeit ergänzende Gegenseitigkeit (Youniss, 1994, S. 15). In Interaktionen zwischen Erwachsenen und Kindern sind beide aktiv und bringen Impulse und Inhalte in das Geschehen ein, die zum Gegenstand der Interaktion passen, aber dennoch verschieden sind. Die Asymmetrie in Fachkraft-Kind-Interaktionen zeigt sich hier deutlich: Die Erwachsenen sind den Kindern aus intellektueller Sicht überlegen, moderieren und steuern dennoch den Prozess, die Arbeitsweise und die Art der Kommunikation. Pädagog:innen versuchen sich im Dialog mit den Kindern in diese hineinzuversetzen, wollen „auf Augenhöhe" sein und trotzdem können sie nur „so tun als ob".

Was bedeutet Ko-Konstruktion für die Peer(s)?

Ko-Konstruktion steht auch für die Art und Weise, wie Wissen z. B. bei Kindern entsteht, unabhängig jeglicher pädagogischen Intervention (Youniss, 1994). Zwischen Kindern findet Ko-Konstruktion ungeplant und ganz selbstverständlich statt, wenn sie miteinander im Austausch sind.

Im Rahmen von Peer-Interaktionen werden Peers zu Ko-Konstrukteur:innen, indem sie sich gemeinsam in der Auseinandersetzung mit der materialen und sozialen Umwelt Wissen selbständig aneignen. Kinder lernen Zusammenhänge, indem sie sich mit anderen austauschen und Bedeutungen untereinander aushandeln. Ko-Konstruktion erforscht die Bedeutung, den Sinn von Phänomenen und es geht nicht um den Erwerb von Fakten. Kinder diskutieren und verhandeln untereinander ihr Verständnis und ihre Interpretation von Dingen, Situationen, Verhaltensweisen und auch Emotionen. Es sind nicht nur die vermeintlich typischen Themen, die Kinder interessieren, sondern auch normative Lebensereignisse wie z. B. die Bewältigung des Übergangs, die Kinder in der Peer entsprechend ko-konstruktiv bearbeiten und bewältigen (Fried 2004).

Kinder, die gemeinsam in der Peer eingewöhnt werden, nehmen die Verhaltensweisen anderer Kinder in unterschiedlichen Situationen – im Spiel, bei Trennungen, in Konfliktsituationen etc. – wahr und erleben dabei, was dieses Verhalten wiederum bei anderen oder auch ihnen selbst auslöst. Sie probieren bestimmte Verhaltensweisen aus und erfahren, welche Reaktion das eigene Handeln bewirkt.

Bildung auf Augenhöhe

Diese Art der **Ko-Konstruktion** wird von Youniss (1994) als **symmetrische Reziprozität** beschrieben, da alle Beteiligten gleichermaßen Einfluss auf das Verhalten der anderen ausüben. Die Interaktionspartner:innen kommunizieren tatsächlich auf Augenhöhe und bringen ihre Inhalte zu gleichen Teilen ein. Jede Handlung des einen Interaktionspartners kann mit einer gleichwertigen Handlung des anderen beantwortet werden.

Die Eingewöhnung in der Peer gewährleistet den Kindern ab dem ersten Kita-Tag, dass sie alle Fragen und Hypothesen, die ihre oder die Bildungsinteressen von Peers betreffen, untereinander verhandeln und die Entwicklungsaufgabe *Übergangsbewältigung* gemeinsam empathisch bear-

beiten und bewältigen können. Symmetrische Reziprozität bei Interaktionen zwischen Kindern ist gegeben, da hier kein Wissens- oder Erfahrungsvorsprung besteht und die Beteiligten zwangsläufig zu neuen, gemeinsamen Auffassungen kommen müssen.

Die Peer als Ressource

Voraussetzung hierfür ist, dass die Anforderung des Tübinger Modells, Peergroups aus ebenbürtigen Peers zu bilden, berücksichtigt wird, damit alle beteiligten Kinder sich in der gleichen Ausgangssituation und mit der gleichen Aufgabenstellung konfrontiert sehen.

Peers bieten ein Potenzial und Impulse für die Bildungs- und Entwicklungsprozesse der Kinder in allen Entwicklungsbereichen. Sie haben die Möglichkeit, soziale Fähigkeiten und Konzepte von Gleichheit und Gerechtigkeit zu entwickeln und stellen somit eine bedeutsame Ressource in der Übergangsbewältigung für das einzelne Kind dar.

Kompetenzen und Fähigkeiten, die sich innerhalb von Peergroups zeigen:

- Peers sind motiviert, mit anderen Kindern zu kommunizieren und zu kooperieren.
- Peers haben einen gemeinsamen Aufmerksamkeitsfokus.
- Peers teilen in einem gemeinsamen Rahmen Erlebnisse und Gefühle und tauschen sich darüber aus/teilen diese mit.
- Interaktionen zwischen Peers bilden und stärken Beziehungen.
- Peers teilen gegenseitig Informationen und geben sich Hilfestellung, die z. B. zur Lösung eines Problems beitragen.
- Peer-Interaktionen dienen dem Erfragen von Informationen und der gemeinsamen Bearbeitung von Bildungsinteressen und -themen.

Reflexion: Welches Bildungsverständnis liegt meiner Arbeit zugrunde?

Was bedeutet Ko-Konstruktion für Sie als Pädagog:in?

- Sie sehen das Kind als Akteur und interaktives Wesen.
- Die Aneignung der Welt erfolgt über den Austausch mit Ihnen.
- Sie sind – neben den Peers – Austauschpartner:in des Kindes.
- Ihrer pädagogischen Arbeit liegt ein kontextuelles Bildungsverständnis zugrunde, das heißt, die Ko-Konstruktionsprozesse mit dem Kind sind situativ eingebunden und finden an einem spezifischen Inhalt statt.
- Im interaktiven Austausch zwischen Ihnen und dem Kind wird gemeinsam Wirklichkeit hergestellt.

Wenn Sie mit den Kindern im Alltag ko-konstruktiv arbeiten, bedeutet dies …

… an Inhalten und Themen zu arbeiten, die für die Kinder wichtig und bedeutungsvoll sind.

… das Interesse und die Fragen der Kinder in den Mittelpunkt ihres pädagogischen Handelns zu stellen, dialogisch und diskursiv zu arbeiten.

… die Interaktion zwischen Kindern und Kindern sowie zwischen Erwachsenen und Kindern als Schlüsselprozess für Bildung zu nutzen.

… ganzheitliche, sinnorientierte und nachhaltige Lernprozesse mit den Kindern gemeinsam zu gestalten.

Arbeiten Sie schon ko-konstruktiv?

- Weiß ich, wofür sich das Kind interessiert und was es bereits weiß?
- Lasse ich dem Kind Zeit und Raum für seine Fragen, Hypothesen und seine Herangehensweise?
- Gestalte ich den pädagogischen Alltag für die Kinder oder mit ihnen gemeinsam?
- Weise ich Kinder mehr an oder nutze ich professionelle Interaktionsmethoden, um in Erfahrung zu bringen, was und wie sie denken?
- Frage ich die Kinder, was sie tun wollen?
- Unterstütze ich das Kind in seiner Autonomie und Selbstregulation?
- Können Kinder in den pädagogischen Lernsituationen auch ihre eigenen Vorstellungen verwirklichen?
- Was lerne ich persönlich von den Kindern?
- Wie plane ich Lernsituationen („Angebote") und das pädagogische Programm? Welche Rolle spielen dabei die Interessen der Kinder?
- Wie gehe ich mit der Unterschiedlichkeit der Kinder um? Welche Lösungen finde ich/finden wir, um allen Kindern gerecht zu werden?
- In welchen Situationen erlebe ich, dass gemeinsam *mit* den Kindern Neues entdeckt wird und wir mit ihnen gemeinsam forschend lernen?
- Wie kann ich sinnhaftes und bedeutungsvolles Lernen unterstützen?

3

Eingewöhnung in der Peer

Das Tübinger Modell im Überblick

In der Peer starten die Kinder gemeinsam in das Abenteuer *Kita* und erobern sich zusammen ihre neue Lebenswelt. Doch was sind die Vorteile der Peer? Wie wird eine Eingewöhnung in der Peer organisiert und wie definiert sich die Rolle der beiden Eingewöhnungsfachkräfte? Worauf kommt es bei der Gestaltung des separaten Raums, des *Nests*, an und welche Querschnittsthemen, Bedenken und vielleicht Ängste ergeben sich? Das folgende Kapitel will alle relevanten Fragen zum Tübinger Modell der Eingewöhnung in der Peer beantworten.

Das Tübinger Modell der Eingewöhnung in der Peer

Das Tübinger Modell will Kindertageseinrichtungen einen Denkrahmen bieten und keinesfalls eine Gebrauchsanweisung, die Schritt für Schritt abgearbeitet wird.

Jede Kita ist anders

Das Modell soll Ihnen ein Geländer sein: am Anfang hält man sich konsequent daran fest, um nicht zu straucheln, und mit zunehmender Sicherheit lässt man erst an einzelnen Stellen, später an vielen los – immer entsprechend den Signalen der einzelnen Kinder und der entsprechenden pädagogischen Handlungskompetenz und -sicherheit der Fachkräfte. Die konzeptionelle Verortung des Tübinger Modells sollte sich an den Rahmenbedingungen der Kindertageseinrichtung orientieren. Jede Einrichtung plant das Modell entsprechend ihren Räumlichkeiten, ihrem Betreuungsangebot und ihren personellen Voraussetzungen. Nehmen Sie sich daher ausreichend Zeit, die Gestaltung des Übergangs aus fachlicher und institutioneller Sicht zu planen, konzeptionell zu durchdenken und zu implementieren.

In der praktischen Umsetzung sind es dann die Kinder und ihre Familien, die für den Verlauf der Eingewöhnung maßgeblich sind. Es gibt Kinder, die von Anfang an mutig und souverän die Einrichtung erkunden, sich mit den Pädagog:innen, den Kindern, den Räumlichkeiten und Abläufen vertraut machen – andere benötigen aus unterschiedlichen Gründen hierfür mehr Zeit und eine intensivere Begleitung durch die Bezugspersonen und die Fachkräfte.

Die ersten Wochen

Das Ziel der Eingewöhnung in der Peer liegt in einer präsenten und sensitiven Unterstützung und Begleitung der Kinder im Prozess der Übergangsbewältigung, bis diese sich wahrnehmbar mit ihrer neuen Lebenswelt Kita vertraut gemacht haben und kompetent sind, den Alltag zu bewältigen. Das Modell beschreibt die ersten 3 Wochen des Übergangs – von einer abgeschlossenen Eingewöhnung kann man erst dann sprechen, wenn die Kinder sich sicher fühlen, mit den anderen Kindern, den Erwachsenen und den Räumlichkeiten vertraut sind und in allen von den Familien gebuchten Betreuungszeiten angekommen sind.

Das *Tübinger Modell der Eingewöhnung in der Peer* hat sich in der Praxis etabliert und wird in Kindertageseinrichtungen, die dieses Konzept praktizieren, unter selbigem Titel geführt. Wenn im Folgenden von der „Peer" gesprochen wird, ist die Peergroup gemeint. Der Begriff *Peer* wird hier als umgangssprachlich abgeleitete Form des englischen Begriffs *peergroup* verwendet und kann mit einer Gruppe von Kindern ähnlichen Alters und Entwicklungsstands übersetzt werden. Die Entwicklung des Modells wurde und wird empirisch begleitet – die Forschungsergebnisse finden Sie im Anhang auf S. 97

Das Modell im Überblick

Tag 1–3: Start im separaten Raum

- 3–5 Kinder + 2 Eingewöhnungsfachkräfte (Eingewöhnungstandem) + 1 familiale Bezugsperson pro Kind (evtl. + 1 Brückenpädagog:in)
- Gemeinsames Ankommen (vormittags oder nachmittags)
- Max. Anwesenheitszeit der Kinder 1–1,5 Std. (v. a. bei ganz jungen Kindern)
- Vorbereitung erster Orientierungshilfen (Fotos, Garderobenplatz etc.) und des Raumes
- Aktive Begleitung der Peer durch Bezugspersonen und Fachkräfte
- Bezugspersonen übernehmen Schlüsselsituationen (Wickeln etc.)
- Die Peer hält sich im separaten Raum auf
- Kein Hinzuholen von Bestandskindern

Ab Tag 4 (frühestens): Erste Verabschiedungen und Trennungen

- Individuelle Entscheidung entsprechend der Signale des Kindes
- Das Eingewöhnungstandem entscheidet über den Zeitpunkt der ersten Trennung/Verabschiedung und bespricht es mit den Bezugspersonen
- Die Bezugspersonen bleiben in der Nähe/Eltern-Café etc.
- Die Fachkräfte bringen die Kinder zurück zur Bezugsperson oder Rückkehr der Bezugsperson = Ende des Aufenthalts
- Wenn die Kinder großes Interesse signalisieren, den Raum verlassen zu wollen, können sie dies **kurz** in Begleitung einer Fachkraft und/oder der Bezugsperson tun – immer mit dem Ziel, zügig zurückzukehren!
- *Stufenweise Verlängerung der Abwesenheit der Bezugspersonen*
- *Stufenweise Verlängerung der Anwesenheit des Kindes*

Ab Woche 2

- Gemeinsamer Start im separaten Raum
- Fortführen und Begleiten der Trennungen
- Teilweise Öffnung des separaten Raumes ca. ab Wochenmitte – je nach Bedürfnis der Peer in einen weiteren Raum, in den Garten, in die Gesamtgruppe, durch Hinzuholen von Bestandskindern
- Je nach Bedarf und den Signalen der Peers liegt das Ende der Anwesenheitszeit im separaten Raum oder in der Gesamtgruppe

Ab Woche 3

- Ziel der Integration in die Gesamtgruppe über die komplette Anwesenheit
- Die Peer startet in der Gesamtgruppe
- Falls möglich wird der separate Raum als Rückzugsmöglichkeit erhalten
- Schlüsselsituationen + Anwesenheitszeiten werden sukzessive erweitert

Die Peer als bedeutende Ressource im Übergang

> ***„Die Peer/der Peerkontakt ist sowohl dem Ich des Kindes ähnlich als auch davon verschieden: Er ist ihm ähnlich, weil er im Können oder Wissen „gleich" ist;***
> ***aber ganz verschieden, gerade weil er auf demselben Niveau steht und nicht wie ein überlegener Erwachsener in das Innere der Wünsche oder in die Perspektive des eigenen Denkens eindringt"***
> ***(Piaget, 1972, S. 72)***

Als *Peer* bezeichnet man eine Gruppe von Kindern, die ungefähr gleichaltrig sind und auf einem ähnlichen kognitiven, emotionalen und soziomoralischen Entwicklungsstand stehen (von Salisch 2016). Im kindheitspädagogischen Alltag rücken die Kompetenzen und Motivationen von Kindern immer mehr in den Fokus und werden durch die gezielte Orientierung am Kind und der Peergroup zu einer bedeutenden Ressource im Eingewöhnungs- bzw. Übergangsprozess. Die Peerkontakte und die Vertrautheit, die in der Regel schnell zwischen den Kindern in der Gruppe entsteht, moderieren den Prozess des Übergangs: Kinder, die in der Phase der Eingewöhnung dieselben Entwicklungsaufgaben bewältigen müssen, können sich hierbei gegenseitig unterstützen und einander helfen. Selbst negative und stressvolle Situationen erleben Kinder in der noch wenig bekannten Peergroup als ganz normale Bestandteile des Kennenlernens.

An dieser Stelle unterscheidet sich das Tübinger Modell von den bislang erprobten Modellen: Das Kind kann sich nicht nur an Erwachsenen bzw. älteren oder erfahreneren Kindern (im Sinne von Vorbildern) orientieren und deren Hilfe suchen. Vielmehr bearbeitet es die zu bewältigende Aufgabe des Übergangs von Beginn an im Rahmen ko-konstruktiver Prozesse mit anderen Kindern, die in der gleichen Situation, ihnen ebenbürtig und vor dieselben (Entwicklungs-)Aufgaben gestellt sind. Der Fokus liegt hier neben den Kind-Fachkraft-Beziehungen auf dem bedeutsamen Aufbau und der Gestaltung der Beziehungen innerhalb der Peer. Hierfür ist es erforderlich, den Kindern in der Phase der Eingewöhnung diese Ressource gezielt bereitzustellen.

Das Kind bestimmt

Für die Interventionen der Fachkräfte sind in allen Prozessschritten die individuellen Bedürfnisse des Kindes und die Bedürfnisse der Peer richtungsweisend. Entscheidungen über den weiteren Verlauf der Übergangsgestaltung werden partizipatorisch unter Berücksichtigung der individuellen kindlichen Signale und Interessen getroffen. Die Kinder sollen zu jedem Zeitpunkt der Eingewöhnung die Möglichkeit haben, den Verlauf des Eingewöhnungsprozesses aktiv mitzugestalten. Das bedeutet, dass sie selbst entscheiden, ob sie aus der sicheren Warte der Bezugspersonen das Geschehen (noch) beobachten, Interesse an bestimmten Materialen und/oder anderen Kindern haben.

Kinder lernen im Rahmen der Peer

- die Sichtweisen von anderen wahrzunehmen,
- Regeln miteinander zu verhandeln,
- Perspektiven zu teilen und
- in einer gemeinsamen Konstruktionsleistung auf einer gemeinsamen Konstruktionsebene Perspektiven **ko-konstruktiv** zu entwickeln.

Die Vorteile der Peer

Peergroups sind für die Sozialisation und die Persönlichkeitsentwicklung eine bedeutsame Sozialisationsinstanz – für alle Menschen, nicht nur für Kinder, die einen Übergang zu bewältigen haben. In Peergroups werden soziale, kognitive und emotionale Bildungs- und Entwicklungsprozesse von Individuen gesteuert und beeinflusst. Neben den primären Bezugspersonen, die sich meist im familialen Kontext finden lassen, haben ‚gleichaltrige' Kontakte im privaten wie auch institutionellen Umfeld eine existenzielle Bedeutung. In der Regel zeigen Peers ähnliche Interessen, haben ähnliche Entwicklungsaufgaben und sind in vergleichbaren Lebenssituationen, hier konkret der Übergang von der Familie in die Krippe oder von der Krippe in die Kita.

Start auf Augenhöhe

Kinder, die gemeinsam in der Kindertageseinrichtung starten, erfahren sich im Umgang mit ihren Peers gleichberechtigt. Alle starten unter den gleichen Bedingungen und befinden sich in der gleichen herausfordernden Situation, neu und unerfahren zu sein, was die Abläufe, Anforderungen und das Zurechtfinden in einer neuen Umgebung betrifft. Die Kinder nehmen gegenüber den Fachkräften, den anderen Kindern und der gesamten Institution die gleiche Stellung ein und müssen sich nicht mit Hierarchien, Wissensvorsprüngen und Unterschieden hinsichtlich von Kompetenzen z. B. älterer, erfahrener Kinder auseinandersetzen. Ein Stressfaktor, der sich unter seinesgleichen leichter bearbeiten lässt als allein.

Die Peer gibt auch über die Phase der Eingewöhnung hinaus Stabilität, Sicherheit und Orientierung. Kinder fühlen sich nicht einsam, sondern in und von der Gruppe unterstützt. Langfristig gesehen bietet die Peergroup den Kindern die Grundlage für die Entwicklung eines realistischen Selbstbilds und der Identitätsfindung. Sie setzen sich entsprechend ihres Entwicklungstandes mit Themen, Kompetenzen und Verhaltensweisen anderer Kinder des gleichen wie auch des anderen Geschlechts auseinander und haben die Möglichkeit, sich zu vergleichen.

Eigenschaften einer Peer-Beziehung

Beziehungen unter Kindern haben vielfältige förderliche Eigenschaften, die über die kindlichen Verhaltensweisen und Intentionen innerhalb symmetrischer Peerbeziehungen gut beobachtbar sind.

Peers inspirieren sich durch Blickkontakt, gegenseitiges Beobachten, Imitation/Nachahmung.

Die Kinder erkennen, dass Peers Sachen anders machen als sie selbst. Diese Beobachtungen können das eigene Verhalten und Wissen beeinflussen, indem sie zu neuen Ideen angeregt, ihre Interessen geweckt und sie zur Weiterbearbeitung motiviert werden.

Sie lernen gemeinsam in ‚peergeeigneten' Spielsituationen, wie z. B. in offenen Lernsituationen und bei Entdeckungstouren, beim Essen (gemeinsames Klopfen mit Besteck, Blubbern mit Sprudel, Matschen im Brei), beim Musizieren, in Pflegesituationen (Toilette, Händewaschen, gegenseitige Begleitung in Wickelsituationen).

Sie machen Quatsch, laufen ziellos um die Wette, imitieren komische Laute, verstecken und erschrecken sich.

Peers lieben Körperkontakt bei Bewegungsspielen, Aktivitäten mit körperlicher Nähe zu anderen Kindern, umarmen, streicheln und kuscheln.

Peers üben sich in Konflikten, wie verbalen und nonverbalen oder körperlichen Auseinandersetzungen und Konfliktlösungsversuchen (schreien, Zunge zeigen, schlagen, schubsen), sozialen und Besitzkonflikten.

Peers zeigen prosoziales Handeln durch helfen, trösten, mitfühlen, streicheln, teilen.

Die Bildung der Peer

Es ist wichtig, dass die Kinder ungefähr auf dem gleichen Entwicklungsstand sind, damit sie tatsächlich voneinander profitieren können. Die für die Peer-Bildung verantwortlichen Stellen bzw. Personen haben meist lediglich das Geburtsdatum der angemeldeten Kinder vorliegen und müssen anhand dessen entscheiden, welche Kinder in einer Peer gemeinsam starten können. Angemeldete Kinder werden je nach (Entwicklungs-)Alter zu entsprechenden Peergroups zusammengefasst und ein gemeinsamer Aufnahmetermin wird von Seiten der Institution festgelegt.

Der Altersunterschied der Kinder sollte nicht zu groß sein, da es aus entwicklungspsychologischer Sicht wenig Sinn macht, Kinder gemeinsam einzugewöhnen, deren Entwicklungsunterschied zu groß ist. Bewährt haben sich Peers, die mit maximal 6–8 Monaten Abstand geboren sind. Beachten Sie hierbei, dass bei einjährigen Kindern ein Altersunterschied von 6 Monaten eine andere Dimension einnimmt als bei dreijährigen Kindern.

Das Alter der Peers

Das „wahre" Alter – also das Entwicklungsalter – zeigt sich jedoch erst beim Start der Eingewöhnung. Es gibt Peerkonstellationen, die vom Geburtsdatum her gesehen gerade einmal 3–4 Monate auseinanderliegen und wo sich doch ein Entwicklungsunterschied von 7–8 Monaten zeigt. Für das Eingewöhnungstandem bedeutet dies, zu beobachten, ob es gemeinsame Bildungsinteressen und -themen der Kinder gibt, welche sie miteinander bearbeiten wollen und können. Sollte dem nicht so sein, agieren die Kinder in einer komplementären Reziprozität und nicht mehr symmetrisch. Der Sinn einer gemeinsamen Übergangsbewältigung geht verloren. In solchen Fällen muss das Eingewöhnungstandem prüfen, für welche Kinder die Peer Sinn macht und ob evtl. Prozessschritte verändert werden müssen – gut zu sehen an folgendem Praxisbeispiel:

Praxisbeispiel:

Max (1;2), Tom (1;0) und Luis (1;11) starten in einer Dreier-Peer. Max und Tom nehmen sehr schnell Kontakt über Blicke, gegenseitige Beobachtungen, Zeigegesten und das Anbieten von Spielmaterialien auf. Luis beobachtet das Geschehen und kommentiert es entsprechend seiner sprachlichen Möglichkeiten aus der Distanz. Für seine Spielinhalte sucht er stets den Kontakt zu einer bestimmten Fachkraft und nie den der beiden Jungen. Die beiden jüngeren Kinder beobachten Luis interessiert, aber auf etwaige Kontaktaufnahmen geht er, wenn überhaupt, nur kurz ein. Max und Tom profitieren von der gemeinsamen Eingewöhnung, aber für Luis scheint der Kontakt zu einer Fachkraft zu genügen bzw. gewinnbringender zu sein.

Das Eingewöhnungstandem plant mit Luis die erste Verabschiedung, welche gut verläuft. Kurze Öffnungen in den Garten und den Bewegungsraum zeigen, dass er sich für Bestandskinder interessiert, die in einem ähnlichen Entwicklungsalter sind, und auf diese zugeht. Das Eingewöhnungstandem beschließt in Absprache mit der Familie, dass Luis bereits in der zweiten Woche in die Bestandsgruppe wechselt. Seine Begleitung übernimmt die Brückenpädagog:in, welche er aus der Peer-Eingewöhnung bereits kennt. Max und Tom bleiben noch ein paar Tage in der Zweier-Peer und wechseln dann gemeinsam in die Bestandsgruppe.

Zeitliche Planung der Peer-Eingewöhnungen

Der Start der Eingewöhnung kann vormittags oder auch nachmittags stattfinden, entscheidend sind der gleichbleibende Raum und die konstanten Bezugspersonen. Wie bei einer Einzel-Eingewöhnung sind die Kinder anfangs maximal ein bis zwei Stunden in der Einrichtung.

In der Regel beginnen Peer-Eingewöhnungen montags, um die komplette Woche kontinuierlich mit der Peer und ihren Bezugspersonen verbringen zu können. Ein Start in der Wochenmitte bedeutet eine Unterbrechung des Beziehungsaufbaus durch das Wochenende und dass in der folgenden Woche wieder frisch mit der Kontaktaufnahme begonnen werden muss.

Der Beziehungsaufbau und erste kleine Trennungen von den Bezugspersonen finden (frühestens in der zweiten Wochenhälfte) statt, wenn das einzelne Kind signalisiert, dass es die Fachkräfte als sichere Basis anerkennt und zu einer oder beiden Eingewöhnungsfachkräften eine Beziehung aufgebaut hat.

Die ersten Ausflüge

In der zweiten Woche können die Kinder ihren Aktionsradius entsprechend ihrer Bedürfnisse in die umliegenden Räume oder zu einzelnen Kindergruppen erweitern. Der Vorteil einer Eingewöhnung am Nachmittag ist, dass oftmals ein Teil der Räume leer ist und die Kinder unabhängig von weiteren potenziellen Stressfaktoren, wie z. B. einer großen Anzahl unbekannter Kinder und Fachkräfte, die Einrichtung erkunden können. Je nachdem, wie viele Kinder sich wann von ihren Bezugspersonen lösen und auf Entdeckungsreise gehen, entscheiden die Fachkräfte, ob dies nur für kurze Momente oder einen längeren Zeitraum praktikabel ist.

Aufeinanderfolgende Peer-Eingewöhnungen können im Abstand von mindestens vier bis sechs Wochen geplant werden, damit die jeweilige Peergroup nach der kompletten Öffnung in die Gesamtgruppe noch einen Puffer hat, bevor die nächste Peer startet.

Praxisfrage: Können parallel zwei Eingewöhnungen stattfinden?

Prinzipiell spricht nichts gegen je eine Eingewöhnung am Vor- und Nachmittag, wenn es der Einrichtung möglich ist, in beiden Zeitfenstern zwei Eingewöhnungsfachkräfte zu entbehren. Beachtet werden muss, dass bei der teilweisen bzw. kompletten Öffnung dann zwei Peergroups aufeinandertreffen, die unter Umständen die Eingewöhnungsfachkräfte noch als Sicherheit und Orientierung benötigen. In diesem Fall wären zwei Fachkräfte für 6–10 Kinder zuständig. Es bietet sich daher an, die beiden Eingewöhnungen um eine Woche versetzt starten zu lassen.

Einrichtungen, die aus personeller Sicht die Möglichkeit haben, ein:e Brückenpädagog:in zu bestimmen, können die Eingewöhnungstandems auch unterschiedlich besetzen, d. h., eine Fachkraft wäre Eingewöhnungsfachkraft in der einen und Brückenpädagog:in in der anderen Peer.

Neueröffnung einer Gruppe oder Kita

Aktuell gibt es durch den verstärkten Krippenausbau und den Rechtsanspruch auf einen Krippenplatz zahlreiche Neueröffnungen von Kindertageseinrichtungen. Die Vorstellung, Kinder hier einzeln einzugewöhnen, wirkt nahezu abstrus. Wenn die Organisation der Platzvergabe entsprechend dem *Tübinger Modell der Eingewöhnung in der Peer* geplant ist, ist dies eine perfekte Möglichkeit, von Beginn an mit Peergroups zu starten. Möglicherweise stehen in einer Einrichtung ausreichend Räume und Fachkräfte zur Verfügung und so können Peer-Eingewöhnungen parallel stattfinden. Der Träger hat den Vorteil, dass Plätze schneller belegt (und finanziert) sind, die Fachkräfte sind nicht monatelang in Einzeleingewöhnungen absorbiert und die Peers haben den bildungs- und entwicklungsförderlichen Gewinn, mit mehreren Kindern gleichzeitig zu starten.

Aber auch hier sollten die Anforderungen und Auflagen einer Peer-Eingewöhnung beachtet werden: Nicht mehr als fünf Kinder, zwei Eingewöhnungsfachkräfte und die Gewährleistung, dass diese den Kindern im Anschluss an die Eingewöhnungsphase als Bezugspersonen zur Verfügung stehen!

Gruppengröße

Die Gruppengröße variiert entsprechend dem Alter: Bei Kindern unter zwei Jahren bestehen die Peers aus drei bis vier Kindern, ab zwei Jahren können auch Gruppen bis zu fünf Kindern gebildet werden. Mehr als fünf Kinder sollten aus folgenden Gründen nicht in der Peer aufgenommen werden:

Der separate Raum: Stellen Sie sich vor, dass sich entsprechend der Anzahl der Kinder zusätzlich noch die familialen Bezugspersonen und 2 Eingewöhnungsfachkräfte (teilweise + Brückenpädagog:in) im separaten Raum aufhalten – da kann es schnell eng werden.

Wahrnehmung und Beobachtung: Anfangsphasen sind für alle Beteiligten komplex und Sie müssen schnell und differenziert die individuellen Bedürfnisse und Signale bei allen (!) neuen, Ihnen noch nicht bekannten Kindern beobachten und analysieren, um den weiteren Eingewöhnungsverlauf zu planen.

Beziehungsaufbau: Das Ziel, zu allen Peers eine Beziehung aufzubauen, die nicht nur oberflächlicher sondern sicherheitsgebender Art sein sollte, ist mit zu vielen Kinder nicht zu bewältigen.

Trennungen und Verabschiedungen: Die Begleitung und Unterstützung von Trennungen geschieht individuell mit dem einzelnen Kind und erfordert zumindest so lange, bis das Kind sich trösten lässt und explorieren kann, die volle Aufmerksamkeit einer Fachkraft.

Die Peer: Die Kinder benötigen in den ersten Tagen eine für sie überschaubare Anzahl an Kindern, mit welchen sie in Interaktion treten bzw. die sich mit ihnen im Raum aufhalten. Zu große Kindergruppen (+ Bezugspersonen) können eine überfordernde und reizüberflutende Wirkung haben.

Wenn die Planung nicht aufgeht

Nicht immer klappt die Aufnahme einer Peer wie sie ursprünglich geplant war: Familien ziehen weg oder entscheiden sich für eine andere Kindertageseinrichtung, ein Kind ist gleich am ersten Tag krank etc. und plötzlich werden Sie mit einer Peer-Konstellation konfrontiert, die möglicherweise nicht dem Modell und ihren einrichtungsinternen Planungen entspricht.

In solchen Fällen ist es wichtig, dass Sie sich Ihrer fachlichen Grundlage besinnen und überlegen, ob und welche Schritte und Bedingungen im Prozess verändert werden müssen. In der Regel läuft die Eingewöhnung in der Praxis dann so ab, dass Sie mit den Kindern und Familien starten, die anwesend sind. Das Eingewöhnungstandem bleibt bestehen und das Hauptaugenmerk liegt auf den individuellen Bedürfnissen der Kinder.

1 + 1 = Peer?

Peergroups, die aus lediglich zwei Kindern bestehen, gelten nicht als Peer. Die Wahlmöglichkeiten der Kinder sind hier sehr eingeschränkt und meist verlaufen Peer-Eingewöhnungen mit zwei Kindern dann in der Praxis oftmals wie zwei parallel verlaufende Einzel-Eingewöhnungen. Je eine Fachkraft bemüht sich um den Beziehungsaufbau zu jeweils einem Kind und übernimmt dessen Eingewöhnung. Peer-Interaktionen und -beziehungen stehen dann nicht im Vordergrund und erfahren auch wenig Raum und Unterstützung von Seiten der Fachkräfte. Peerkontakte, die sich auf zwei Kinder beschränken, sind auch nur dann unterstützend, wenn sich die Kinder sympathisch finden und ähnliche Bildungsinteressen und Entwicklungsaufgaben haben.

Wenige Einrichtungen schaffen es in der Praxis, Eingewöhnungen von 2er-Peers so zu gestalten, dass sich eine – die gerade weniger gefragte – Eingewöhnungsfachkraft zurücknimmt und die

Zeit nutzt, um die Peer zu beobachten und mit den familialen Bezugspersonen parallel ins Gespräch zu kommen. Die andere Fachkraft begleitet je nach Bedarf der Kinder Spielaktivitäten und Bildungssituationen mit den beiden Kindern und ist primär für den Beziehungsaufbau verantwortlich. Die zweite Fachkraft ist präsent und kann bei Bedarf jederzeit wieder in die Interaktion mit den Peers einsteigen und sich mit ihrer Kolleg:in abwechseln.

Bitte gehen Sie nicht dazu über, kleine Gruppen alleine eingewöhnen zu wollen. Vor allem am Anfang braucht die Eingewöhnung von mehr als einem Kind zwei Fachkräfte. Nach erfolgreicher Bewältigung der ersten Trennungen können Sie dann situationsbedingt überlegen, den separaten Raum früher zu öffnen, Bestandskinder dazu zu holen oder auch die weitere Eingewöhnung (z. B. in der zweiten Woche) allein zu begleiten.

Kinder mit erhöhtem Unterstützungsbedarf

In Fortbildungen zur Eingewöhnung in der Peer kommt immer wieder die Frage von Fachkräften aus der Praxis, ob für Kinder mit Behinderungen bzw. erhöhtem Unterstützungsbedarf etwas dagegen spricht, in der Peer zu starten. Bei solchen Überlegungen hilft es, sich im Team den pädagogischen Alltag vor Augen zu führen. Hier gilt der gemeinsame Besuch einer Bildungsinstitution als zentrale Voraussetzung für eine inklusive Pädagogik – und diese beginnt mit der Eingewöhnung.

Im Sinne einer inklusiven Haltung werden alle Kinder in die Kindertageseinrichtung aufgenommen. Sollte es sich um Beeinträchtigungen handeln, die einen zusätzlichen Unterstützungsbedarf erforderlich machen, dann erfahren die Kinder diesen bereits in der Eingewöhnungszeit ab dem ersten Tag der Eingewöhnung, sofern er der Einrichtung bekannt ist.

Wenn Kinder erst nach der Aufnahme ein herausforderndes Verhalten zeigen und/oder einen zusätzlichen Unterstützungsbedarf anzeigen und die Familien diesen Umstand verschwiegen haben oder sich dessen nicht bewusst waren, muss das weitere Vorgehen im Team und mit der Leitung überdacht werden.

Zusammenarbeit mit den Familien

Frühzeitige Gespräche und eine gute Zusammenarbeit mit den Familien sind bedeutsam für eine gute Vorbereitung der Peer-Eingewöhnungen im Team. Neben der Gelegenheit, sich kennenzulernen und die Familien über das Eingewöhnungskonzept zu informieren, bieten die unterschiedlichen Gesprächsformen die Chance, mit den Familien persönlich ins Gespräch zu kommen:

- Wie schätzen die Familien/Bezugspersonen das Kind ein?
- Welche „typischen Verhaltensweisen" zeigt das Kind?
- Könnte es den kleinen Rahmen „sprengen"?
- Braucht das Kind zu Beginn eher die Eins-zu-eins-Betreuung?

Wenn Sie sich unsicher sind, können Ihnen folgende Fragen helfen, hier zu einer Entscheidung zu kommen:

- Welche Art von Unterstützung braucht das Kind? Können wir diese Unterstützung während der Eingewöhnung leisten?
- Beeinträchtigt/stört die Anwesenheit des Kindes den Beziehungsaufbau zu den Fachkräften und die Peer-Beziehungen?
- Profitiert das betroffene Kind von der Eingewöhnung in der Peer?
- Kann die Eingewöhnung unter diesen Voraussetzungen fortgeführt werden?

Der einzige Grund, der aus fachlicher Sicht für ein Kind gegen eine Eingewöhnung in der Peer spricht, ist, wenn es in keinerlei Hinsicht von der Interaktion mit anderen Kindern profitieren würde – fragwürdig ist in diesem Fall, ob eine Kindertageseinrichtung grundsätzlich die passende Einrichtung für dieses Kind ist.

Der separate Raum

Die Neuankömmlinge starten in der Einrichtung in einem separaten Raum. Sie halten sich dort gemeinsam mit ihren familialen Bezugspersonen und den Eingewöhnungsfachkräften während der gesamten Anwesenheitszeit auf und verlassen diesen in der Regel in der ersten Zeit nicht.

Der Raum sollte der Peer während dieser Zeit immer zur Verfügung stehen. Manche Einrichtungen verfügen über einen extra eingerichteten Raum für die Eingewöhnungszeit, oft auch „das Nest" genannt. Diesen Luxus gibt es aber nicht überall. Die Mehrheit der Einrichtungen strukturiert einen (Neben-)Raum für diese Phase temporär um und richtet ihn entsprechend ein.

Es ist von Vorteil, wenn dieser Raum groß genug ist, um den Kindern altersspezifische Bewegungsspiele und Explorationen allein, zu zweit und mit allen Peers zu ermöglichen. Der zur Verfügung stehende Platz beeinflusst stark die Möglichkeit, dass die Peers interagieren und gemeinsame Spielinhalte verfolgen. Zu wenig Platz beeinträchtigt die Spieldauer, die Zufriedenheit der Kinder und die Atmosphäre innerhalb der Peer.

Der Raum sollte dem Entwicklungsalter entsprechend eingerichtet sein und den Peers mindestens zwei Wochen zur Verfügung stehen. Er sollte so gewählt sein, dass er den Kindern ein entspanntes Ankommen ermöglicht und ihnen Sicherheit und Orientierung, aber auch Ecken und Nischen für unbeobachtetes Spiel bietet.

Praxisfrage: Was machen wir, wenn kein separater Raum zur Verfügung steht?

Eingewöhnungen können auch außerhalb der Öffnungszeiten oder in Randzeiten stattfinden, zu denen nur wenig Bestandskinder anwesend sind. Hierfür können Gruppen zusammengelegt werden. Weitere Möglichkeiten bieten sich möglicherweise auch im Außenspielbereich, den in dieser Zeit entweder die Bestandskinder oder auch die Peer nutzen. Gute Erfahrungsberichte gibt es aus Kitas, in denen die Bestandskinder außer Haus gehen und z. B. eine Wald- und Wiesenwoche machen.

Vorbereitung der Umgebung

Bereiten Sie den separaten Raum für die explorativen Bildungs- und Entwicklungsprozesse der Kinder vor. Statten Sie ihn dafür mit alters- und entwicklungsentsprechenden Materialien aus, die den Kindern die Möglichkeit bieten, selbstbestimmt, eigenmotiviert und im eigenen Tempo Erfahrungen zu machen. Die vorbereitete Umgebung wird täglich reflektiert und den Interessen und Themen der Kinder angepasst. Eventuell haben Familien bereits im Vorgespräch bevorzugte Tätigkeiten und Materialien erwähnt, die dann vorbereitet werden können.

Weniger ist mehr

Die Auswahl sollte übersichtlich sein und aus möglichst offenem und unstrukturiertem Spielmaterial bestehen. Je offener und schlichter, desto vielseitiger verwendbar ist es. Wasser, Schüttmaterial (Reis, gleiches Material in großer Menge etc.), Sand, Natur- und Alltagsgegenstände, Matratzen, große Bausteine, Verpackungsmaterial, verschiedene Gefäße etc. laden zu gemeinsamen Spielen ein. Aber auch Bereiche, in denen die Peers verschiedenen Bedürfnissen nachgehen können, ohne sich gegenseitig zu stören, sollten mitbedacht werden. Puzzles und Stifte führen eher dazu, sich allein zu beschäftigen.

Ist alles parat?

Wichtig ist, dass der Eingewöhnungsprozess nicht durch unnötige Irritationen und Stress durch häufiges Verlassen des Raumes gestört wird. Bei der Auswahl des Raumes ist zu beachten, dass dieser so groß ist, dass nicht nur die neuen Kinder, sondern auch die beiden Pädagog:innen und Bezugspersonen ausreichend Platz haben: Sitzgelegenheiten auf Kinderhöhe, Getränke, Beobachtungsformulare, Foto- und Videokameras können Sie für die Erwachsenen bereitlegen.

Praxisfrage: Was mache ich, wenn ein Kind oder mehrere bereits in der ersten Woche den Raum verlassen wollen?

Kinder sind neugierig und möchten in Erfahrung bringen, was sich außerhalb abspielt – eventuell wird diese Neugier durch Einblick in andere Räume, den Außenspielbereich … ausgelöst oder es sind Geräusche und Gespräche hörbar. Nehmen Sie dieses Interesse wahr und geben Sie den Kindern die Möglichkeit, die Umgebung zu entdecken. Je nachdem, wie viel Vertrauen die Kinder schon zu Ihnen aufgebaut haben, mit oder ohne die familiale Bezugsperson.

Diese kleinen Ausflüge sollten vor allem in der ersten Woche immer nur von kurzer Dauer sein und das Ziel haben, wieder in den Eingewöhnungsraum zurückzukehren. Nur dort ist es den Kindern möglich, den Beziehungsaufbau zu Ihnen und zur Peer weiter zu intensivieren. In der zweiten Woche der Eingewöhnung ist die teilweise Öffnung in weitere Räume, das Außengelände oder die Bestandsgruppe im Modell ja bereits eingeplant. Bei Kindern, die älter als drei Jahre sind und bereits Kita-Erfahrung mitbringen, sollten Sie mit Blick auf deren Kompetenzen, Interessen und Bedürfnisse und im Dialog mit den Kindern entscheiden, wann der separate Raum geöffnet wird. Zu beachten ist hierbei, dass eine teilweise bzw. endgültige Öffnung des separaten Raums nur Sinn macht, wenn die Kinder sich bereits von ihren Bezugspersonen verabschieden konnten.

Das Eingewöhnungstandem

Das Eingewöhnungstandem besteht aus zwei pädagogischen Fachkräften, die den kompletten Zeitraum des Beziehungsaufbaus und der Eingewöhnung – in der Regel zwei Wochen – begleiten. Achten Sie bitte bei der Bildung der Tandems darauf, dass es sich um Fachkräfte handelt, die den neu aufgenommenen Kindern auch im Anschluss an die Eingewöhnungsphase als Beziehungspersonen zur Verfügung stehen. Als Eingewöhnungsfachkraft kommen Vollzeitkräfte in Frage oder Teilzeitkräfte, die an 5 Tagen in der Woche arbeiten bzw. bereit sind, ihre Arbeitszeit in der Eingewöhnungsphase übergangsweise zu verändern.

Im Hinblick auf die Arbeit mit den einzelnen Kindern und den Peers ist entscheidend, welches Fachwissen die einzelnen, potenziellen Eingewöhnungsfachkräfte mitbringen.

Wie professionell und sicher ist der Umgang und die Handlungskompetenz hinsichtlich:

- der Moderation des Übergangsprozesses,
- eines responsiven Verhaltens gegenüber dem einzelnen Kind und der Peer,
- der Kompetenz, Peer-Interaktionen zu initiieren, zu unterstützen und die Kinder zu ‚verlinken',
- des Repertoires an Möglichkeiten zur Ko-Regulation als Voraussetzung für die Entwicklung der Selbstregulation des Kindes,
- der Reflexionsfähigkeit und Beobachtungskompetenz,
- eines professionellen und guten „Standings" in der Zusammenarbeit mit Familien?

Ein Eingewöhnungstandem sollte aus Fachkräften gebildet werden, die im pädagogischen Alltag gut und professionell harmonisch zusammenarbeiten und bereit sind, eng miteinander zu kooperieren. Das ist wichtig, da sie in der Eingewöhnungsphase Hand in Hand arbeiten und im Auftrag des Teams die Verantwortung für eine gelingende Moderation des Übergangs übernehmen werden.

Wie kommt das Tandem zusammen?

In der Praxis finden sich unterschiedliche Möglichkeiten, Tandems zu bilden. Oft sind diese schon durch die Gruppenstrukturen vorgegeben. Oberste Priorität hat immer der Fokus auf die sich entwickelnde Bindungsbeziehung zu den Kindern, die auch nach der Phase der Eingewöhnung weiter bestehen sollte. Fachkräfte, welche die Eingewöhnung begleiten, müssen den Kindern im Anschluss an die Eingewöhnungsphase unbedingt weiter als Beziehungsperson zur Verfügung stehen.

Manche Einrichtungen bilden Tandems aus erfahrenen und weniger erfahrenen Fachkräften, andere wiederum aus Befürworter:innen und Kritiker:innen, um eigene Erfahrungen zu ermöglichen und kritisch erlebte Situationen direkt und intensiv zu reflektieren. Die konzeptionelle Veränderung von der Einzel- zur Peereingewöhnung stößt in Teams nicht immer einvernehmlich auf Akzeptanz. Widerstände bei einzelnen Fachkräften sollten durch Transparenz und intensive Auseinandersetzung mit den die Skepsis auslösenden Faktoren abgebaut werden.

Die eigene Biografie im Blick

Damit Fachkräfte die Eingewöhnung in der Peer für sich als positiv erleben können, braucht es eine angepasste fachliche und auch persönliche Auseinandersetzung der Fachkraft und im Team. An dieser Stelle ist es Aufgabe der Leitung, mit den Fachkräften den Blick auf deren professionelle, aber auch persönliche Bindungserfahrungen und -muster zu werfen und diese in Verbindung zu ihrer fachlichen Qualifikation und Handlungskompetenz zu reflektieren. Die handlungsleitenden Orientierungen und die Haltung pädagogi-

scher Fachkräfte haben immer auch damit zu tun, wie diese z. B. Übergänge in der Vergangenheit erlebt haben. Dies erfordert einen sehr persönlichen Blick auf die eigene Biografie und muss individuell bearbeitet werden.

Die Arbeit im Tandem bringt alle weiter

Eingewöhnungszyklen, die von zwei Eingewöhnungsfachkräften begleitet werden, verändern die pädagogische Praxis, da sie den Fachkräften die Chance bieten, sich im Rahmen der engen Zusammenarbeit auf persönlicher Ebene zu reflektieren und weiterzuentwickeln: Die Kolleg:innen tauschen sich regelmäßig aus und beraten sich gegenseitig. Sie arbeiten eng zusammen, lernen voneinander am Modell und entwickeln sich so persönlich wie fachlich weiter. Das gemeinsame Reflektieren des Eingewöhnungsprozesses mit allen Mitarbeiter:innen ist wichtig und der Teamentwicklung zuträglich.

Auch der Eingewöhnungsprozess selbst profitiert deutlich von der Zusammenarbeit des Tandems. Der Austausch über die Kinder und die Peer-Interaktionen ist wertvoll für die Gestaltung der Eingewöhnungsphase: Die Verantwortung der Planung und Durchführung liegt nicht bei einer Fachkraft alleine, sondern kann geteilt werden. Häufig sorgt die Anwesenheit mehrerer Personen außerdem für eine entspannte Atmosphäre, sodass Kinder und Familien in einer stressfreien Umgebung entscheiden können, zu welcher Fachkraft sie eine Beziehung aufbauen wollen.

Reflexion: Ängste und Befürchtungen in der Eingewöhnungsphase

Die Einführung eines neuen Eingewöhnungsmodells kann zu Ängsten und Fragen führen, die Raum und Möglichkeit zur Reflexion brauchen. Es ist wichtig, dass die pädagogischen Fachkräfte Möglichkeiten der Fortbildung, der Reflexion und für den kollegialen Austausch erhalten und die Implementierung des Eingewöhnungsmodells begleitet und evaluiert wird. Folgende Fragen können dabei helfen:

- Was ist, wenn keines der Kinder zu mir eine Beziehung aufbauen möchte?
- Wie gehe ich mit dem Gefühl um, dass mir etwas (die Bindungsbeziehung) „weggenommen" wird?
- Wer ist im Anschluss an die Eingewöhnung die Bezugsfachkraft des Kindes?
- Wie erlebe ich die enge Zusammenarbeit mit der zweiten Eingewöhnungsfachkraft?
- Wie geht es mir, wenn mir mein:e Kolleg:in auf die Finger schaut?
- Wie findet mein:e Kolleg:in mein pädagogisches Handeln?
- Was ist, wenn mein:e Kolleg:in meine Arbeitsweise unprofessionell findet?
- Was ist, wenn bei der Reflexion im Tandem Dinge sichtbar werden, die mit mir persönlich zu tun haben?
- Wie handhaben wir routinehafte, aber möglicherweise unprofessionelle Strategien?
- Wer ist Ansprechpartner:in für die Familien?
- Wie erlebe ich die Beobachtung durch mehrere familiale Bezugspersonen?
- Was passiert, wenn die familialen Bezugspersonen meine:n Kolleg:in sympathischer finden als mich?

Die Brückenpädagog:innen

Brücken verbinden – so soll die Funktion eine:r Brückenpädagog:in verstanden und genutzt werden, um den Übergang zu erleichtern. Sie ist das Uferfundament für die Kinder und Familien am gegenüberliegenden Ende der Brücke, sie ist die verbindende Beziehungsperson und für das Team steht sie für die Zusammenarbeit und Beziehung.

Ein:e Brückenpädagog:in ist nicht zwingend notwendig, um die Eingewöhnung in der Peer zu praktizieren, wird in der Praxis, falls der Personalschlüssel es zulässt, jedoch als sehr hilfreich empfunden. Die Position kann mit Fachkräften aus den Gruppen, mit Spring- und Vertretungskräften, aber auch mit Leitungen oder Kita-integrierten Praxisberatungen besetzt werden.

Ein:e Brückenpädagog:in …

… **verbindet** die Peer mit der Gesamtgruppe, indem sie in den ersten Tagen zusätzlich für kurze Zeit in den separaten Raum kommt, sich präsent zeigt und ein Kennenlernen ermöglicht. Für den Fall, dass eine der Fachkräfte krank wird, kann sie einspringen und ist den Kindern und Familien bereits bekannt.

… **vermittelt** nach den ersten Verabschiedungen zwischen dem separaten Raum und den Bezugspersonen, die sich außerhalb des Raumes aufhalten, indem sie Rückmeldung gibt und kurz berichtet, wie es den Kindern geht.

… **unterstützt** das Eingewöhnungstandem als Bot:in, wenn es notwendig ist, die Bezugspersonen etwas zu fragen, oder um sie zurückzuholen, wenn sich das Kind nicht von den Fachkräften trösten lässt.

… **vernetzt** auf fachliche Weise, indem sie mit den Familien ins Gespräch kommt, Situationen im pädagogischen Alltag beschreibt (evtl. anhand kurzer Videosequenzen), pädagogische Handlungsweisen begründet und somit eine gute Basis für eine vertrauensvolle Zusammenarbeit schafft.

… **übersetzt** im Austausch mit Familien, deren Erstsprache nicht Deutsch ist, da sie sich parallel zur Eingewöhnung in der Regel hierfür mehr Zeit nehmen kann als die Eingewöhnungsfachkräfte.

Bezugsfachkraft versus Eingewöhnungsfachkraft

Kindertageseinrichtungen arbeiten oftmals mit einem Bezugsfachkräftesystem, welches bei Einzeleingewöhnungen automatisch festlegt, dass die eingewöhnende Fachkraft nicht nur Beziehungsperson des neuen Kindes, sondern gleichzeitig für die Beobachtungen, das Portfolio, die Vorbereitung und Durchführung der Entwicklungsgespräche etc. verantwortlich ist. Man sollte meinen, dies wäre ein leicht zu klärendes Problem, aber die Praxis zeigt, dass es notwendig ist, im Vorfeld festzulegen, welche Verantwortungsbereiche auf der strukturellen und welche auf der Beziehungsebene liegen. Die Eingewöhnung durch zwei Fachkräfte hebelt diesen bislang praktizierten Automatismus aus und erfordert eine grundsätzliche Klärung, welche Person für welche Aufgabe verantwortlich ist, und v. a. darüber, dass diese nicht zwingend in einer Person verankert sein muss.

Aufgaben der Bezugsfachkraft

- Führen der Entwicklungsgespräche
- Verantwortung für die Portfolios und Beobachtungen der Kinder
- Ansprechpartner:in für die Familien

Aufgaben der Eingewöhnungsfachkraft

- Moderation und Begleitung der Übergangsphase
- Sichere Basis für das Kind
- Rückmeldegespräche während der Eingewöhnung
- Führen des ersten Familien- bzw. Entwicklungsgesprächs

In Reflexionsgesprächen mit Fachkräften zeigt sich durch diese Veränderung der Zuständigkeit eine Unsicherheit, da nicht umgehend zu Beginn der Eingewöhnung feststeht, wer welche Rolle für das Kind und die Familie hat. Auch Verlustängste können aufkommen. Auf der strukturellen Ebene kann im Vorfeld festgelegt sein, wer später – nach der Eingewöhnung – Ansprechpartner:in der Familie sein wird. Diese Person kann, muss aber nicht zwingend eine der Eingewöhnungsfachkräfte sein. Wer jedoch Bezugsperson für das Kind wird, kann in Eingewöhnungsprozessen, bei denen das Kind partizipiert und entscheidet, zu wem es eine Beziehung aufbauen möchte, strukturell nicht bestimmt werden.

Während der Eingewöhnung entscheidet alleine das Kind, ob es zu einer oder zu beiden Fachkräften eine Beziehung aufbaut. Diese Person übernimmt dann die Unterstützung des Kindes bei Schlüsselsituationen, wie dem Wickeln etc., und begleitet als sichere Basis die ersten Trennungen des Kindes von seiner Bezugsperson. Sollte sich die Beziehung des Kindes zu beiden Fachkräften gleichwertig entwickeln, entscheidet das Kind, von wem es in welcher Situation Unterstützung benötigt. Die täglich stattfindenden kurzen Rückmeldungen an die Familien und das erste Elterngespräch im Anschluss an die Eingewöhnung können von beiden Fachkräften gemeinsam oder auch einzeln geführt werden.

Wenn es organisatorisch nicht anders möglich ist

Sollte die Funktion der Bezugsfachkraft als Ansprechpartner:in der Familie aus organisatorischer Sicht keine der beiden Eingewöhnungsfachkräfte innehaben, ist lediglich eine Übergabe im ersten Entwicklungsgespräch notwendig, damit die Familien wissen, an wen sie sich zukünftig wenden müssen, wenn es etwas zu besprechen gibt, und wer für Entwicklungsgespräche, Portfolio etc. verantwortlich ist.

Die Eingewöhnung in der Peer und ihre Querschnittsthemen

Bei der Implementierung des Modells ist es nicht ausreichend, Eingewöhnungsprozesse einfach neu zu strukturieren und konzeptionell zu verankern. Eine Veränderung in dieser fachlich und emotional für alle Beteiligten sehr intensiven Phase wirft vor und während der Implementierung eine Reihe an strukturellen und fachlichen Querschnittsthemen auf, die auf den ersten Blick unter Umständen nicht in direktem Zusammenhang mit der Eingewöhnungsthematik stehen. In der Auseinandersetzung mit der Eingewöhnung in der Peer werden Teams mit fachlichen Themen konfrontiert, bei welchen davon ausgegangen wird, dass diese im pädagogischen Alltag und bereits lange vor dem Gedanken an eine Veränderung des Eingewöhnungskonzeptes Grundlage in der Arbeit mit Kindern sind.

Fachliche Grundlage der Eingewöhnung in der Peer sind wissenschaftliche Erkenntnisse der Bildungs- und Transitionswissenschaft und der Peer-Forschung. Sobald sich nun ein Team mit der Fragestellung auseinandersetzt, warum es für die Kinder wichtig ist, das bestehende Eingewöhnungskonzept zu verändern, um dieses fachlich fundiert zu planen und z. B. den Familien transparent zu machen, beginnen Aushandlungsprozesse und Diskussionen in nahezu jeder Kindertageseinrichtung.

Diese Diskussionen sind wichtig und wertvoll – nicht nur für die Phase der Eingewöhnung – und sollten ernst genommen, bearbeitet und reflektiert werden. Veränderungsprozesse dieser Art bieten Trägern, Fachberatungen, Leitungen und Fachkräften die Möglichkeit, grundlegende pädagogische Themen ‚neu' zu sortieren und im Rahmen von Personal- und Teamentwicklung für eine kontinuierliche Weiterentwicklung und Verbesserung der pädagogischen Arbeit zu sorgen.

Reflexion: Über den Eingewöhnungs-Tellerrand hinaus

- Welches Bild vom Kind liegt unserer pädagogischen Arbeit zugrunde?
- Welches Bildungsverständnis leitet unsere Arbeit?
- Wie würden wir unseren (Bildungs-)Auftrag beschreiben?
- Was wissen wir über die Bedeutung von Peer-Beziehungen?
- Welche Interaktionsmethoden sind uns bekannt? Welche praktizieren wir?
- Wie definieren wir uns in unserem professionellen Selbstverständnis und unserer Rolle als pädagogische Fachkraft?
- Wie möchten Sie im Team die Zusammenarbeit mit Familien gestalten?
- Was verstehen wir unter Partizipation?
- Sind unsere Räume so gestaltet, dass sie den (aktuellen) Bedürfnissen, den Interessen und dem Entwicklungsstand der Kinder gerecht werden?
- Wie stehen wir zum Thema Inklusion? Welche Haltung besteht hierzu im Team? Welche Kompetenzen im Umgang mit Heterogenität haben wir?
- Thema Diversity: Wie ist unser Umgang mit Vielfalt und Unterschiedlichkeit? Wie vorturteilsbewusst arbeiten wir? Wie kompetent sind wir im Thema Gender?
- Was hat sich im Bereich der Kindheitspädagogik in den letzten Jahren verändert?
- Passen unsere Konzeption und unser Alltag noch dazu? Oder ist es an der Zeit, ein paar alte Zöpfe abzuschneiden?

Das Modell auf institutioneller Ebene

Planung und Umsetzung der Eingewöhnung in der Peer

Die Implementierung der Eingewöhnung in der Peer und die daraus resultierenden konzeptionellen Veränderungen müssen von allen Beteiligten mitgetragen werden, da die Umsetzung auf unterschiedlichsten Ebenen – konzeptioneller, räumlicher, organisatorischer und personeller Art – Auswirkungen auf strukturelle und fachliche Prozesse hat. Die Implementierung verändert nicht nur den Eingewöhnungsprozess der neuen Kinder und Familien. Ausreichend Transparenz und eine gute Zusammenarbeit und Wertschätzung aller Beteiligten sind wichtig, damit Trägervertreter:innen, Leitungen, Fachkräfte, Kinder und Familien diesen Prozess gemeinsam gestalten können.

4

Das Modell auf institutioneller Ebene

Aufgaben auf Trägerebene

Eine so weitreichende konzeptionelle Veränderung wie die des Eingewöhnungskonzeptes kann nicht allein auf der Ebene der Kita angesiedelt werden, sondern muss im Vorfeld mit dem Träger der Institution abgestimmt werden, der die Gesamtverantwortung für das Personal, die Räumlichkeiten und die Beachtung der gesetzlichen Vorgaben hat.

Meist ist es so, dass Träger von Kindertageseinrichtungen im Rahmen eines Qualitätsmanagements für ihre Einrichtungen bereits Mindeststandards entwickelt und für verpflichtend erklärt haben, die nicht in Eigenregie der Einrichtungen verändert werden dürfen. Hierunter fällt meist auch die konzeptionelle Verankerung der Eingewöhnung bzw. die Gestaltung des Übergangs.

Überprüft werden muss an dieser Stelle, ob das neue Eingewöhnungskonzept mit dem gesetzlich verankerten Auftrag (§ 22, SGB VIII) sich am Wohl des Kindes zu orientieren und dessen Entwicklung zu unterstützen, vereinbar ist. Aber auch die Bedeutung von Peerinteraktionen und der kultursensible Blick auf Bindung und Transitionen müssen in den Blick genommen werden.

Organisatorische Aufgaben

Die Implementierung eines neuen Modells tangiert abhängig von der Größe, Ausrichtung und Kultur die Verantwortlichkeiten und Strukturen, welche im Veränderungsprozess beteiligt und genutzt werden können bzw. müssen, wie z. B.

- die Verwaltung der Platzvergabe: Anmelde- und Aufnahmeverfahren, zentrale oder einrichtungsinterne Platzvergaben etc.
- Kooperationspartner:innen
- Kommunikations- und Informationsstrukturen für Fachkräfte und Familien
- etablierte Vorgehensweisen in Veränderungsprozessen
- etablierte einrichtungsübergreifende Formate zum Austausch und zur Weiterentwicklung fachlicher Themen (Qualitätszirkel, kollegialer Austausch etc.)

Welche Chancen bieten sich für Ihren Träger durch die Eingewöhnung in der Peer?

- Plätze können schneller besetzt und somit finanziert werden
- Steigerung der Zufriedenheit von Familien und Kindern – Familien erhalten schneller einen Platz, die Unterstützung der Bildungs- und Entwicklungsprozesse der Kinder durch die Peer etc.
- Steigerung der Zufriedenheit der Fachkräfte

Neues Modell, neues Rollenverständnis

Die Orientierung am einzelnen Kind und das Wissen um die Bedeutung der Peer verschieben den Fokus der zentralen Rolle der pädagogischen Fachkraft im Eingewöhnungsprozess. Fachkräfte, welche die Eingewöhnung begleiten, müssen ihr Bild vom Kind, ihr Bindungs- und Bildungsverständnis und bislang routiniert durchgeführte und erlebte Handlungsstrategien und Sichtweisen neu finden bzw. überdenken. Die bisherige starke Fokussierung auf eine enge Bindungsbeziehung zwischen Fachkraft und Kind in der Eingewöhnung kann zu Irritationen, kritischen Reaktionen und auch Verlustängsten führen. Das eigene Rollenverständnis und Verhalten müssen reflektiert und unter Umständen angepasst werden. Umso wichtiger ist eine gute Zusammenarbeit im Team, um die fachlichen und strukturellen Veränderungen (Eingewöhnungstandem, separater Raum, Bezugsfachkräftesystem etc.) gemeinsam zu überdenken und ein für die Einrichtung stimmiges Konzept zu erarbeiten.

Ja, aber...!

Der erste wichtige Schritt liegt darin, dass sich alle Beteiligten über die fachlichen und theoretischen Grundlagen des Modells informieren und sich über ihre Eindrücke, Fragen und Vorstellungen austauschen. Es ist wichtig, dass in solchen Prozessen alle „Ja, aber..." angesprochen, notiert und im Laufe des Prozesses bearbeitet werden. Das Ziel ist an dieser Stelle nicht die hundertprozentige Übereinstimmung, sondern eine offene und reflektierte Auseinandersetzung. Alle Beteiligten – Träger, Einrichtung, Familien und Kinder – müssen in einem solchen Implementierungsprozess mitgedacht und gehört werden.

Checkliste: Rahmenbedingungen

- In welchem Zeitraum soll/muss die Implementierung umgesetzt werden?
- Gibt es finanzielle Unterstützung von Seiten des Trägers? Zum Beispiel für zusätzliche Fortbildungsmaßnahmen?
- Erfordert die Implementierung zusätzliches Personal?
- Ist die Implementierung in den vorhandenen Räumen durchführbar?
- Benötigen die Einrichtungen zusätzliche Sachmittel?
- Stehen der Einrichtung zusätzliche Konzeptionstage, pädagogische Tage und Fortbildungstage und -angebote zur Verfügung?
- Gibt es eine (externe) fachliche Begleitung?
- Inwiefern erfahren die Leitungen der Einrichtungen Unterstützung?
- Wie ist der Informationsfluss und die Vernetzung zwischen Träger, Verwaltung und Einrichtung organisiert?

Die Implementierung am Beispiel der Stadt Stuttgart

Die Landeshauptstadt Stuttgart als großer Kita-Träger hat die Implementierung der Eingewöhnung in der Peer als Pilotprojekt 2020 eingeführt (teilweise fließen wissenschaftliche Erkenntnisse aus dem Projekt in diesen Praxisratgeber mit ein). Das Ziel des Jugendamts war es, die Bedeutung von Peerinteraktionen in der Eingewöhnung als stärkende Ressource in der Bewältigung des Übergangs zu nutzen.

Dazu wurde die Eingewöhnung in der Peer in 5 ausgewählten Kitas des Trägers von Oktober 2020 bis Juni 2022 eingeführt und erprobt. Die Implementierung wurde in Zusammenarbeit mit den Piloteinrichtungen wissenschaftlich begleitet, dokumentiert und evaluiert. Die Ergebnisse wurden dem Träger, den Bereichsleitungen, Praxisberatungen und Fachkräften im Herbst 2022 präsentiert. Auf Basis dieser Erkenntnisse wird das Eingewöhnungskonzept von Seiten des Trägers in weiteren Einrichtungen implementiert.

Der Ablaufplan zeigt die einzelnen Prozessschritte und ihre Umsetzung. Das Beispiel zeigt die Implementierung des Modells bei einem großen Träger mit komplexen Strukturen, bei welchem sich die Eingrenzung auf wenige Piloteinrichtungen anbietet, kleinere Träger könnten das Projekt auch gleich mit allen Einrichtungen starten. Auf alle Fälle lohnt es sich, in der Vorbereitungsphase einen solchen Ablaufplan zu erstellen, um keinen Prozessschritt zu übersehen.

	Jul-Sep 2020	Sep-Nov 2020	Jan-Mrz 2021	Feb-Apr 2021	Sep 2021	Apr 2022	Jun-Sep 2022	Okt 2022
Bestimmung Steuerungsteam	▬							
Informationsphase	▬							
Kick-off-Veranstaltungen	▬							
Auswahl der Kitas	▬							
Info-Veranstaltungen und Besichtigung Piloteinrichtungen		▬						
Adaption des Konzepts in den Kitas und betroffenen Abteilungen		• • •	• • •	• • •	• • •	• • •	• • •	
Durchführung von Peer-Eingewöhnungen		• • •	• • •	• • •	• • •			
Evaluation der Eingewöhnungen		• • •	• • •	• • •	• • •	• • •		
Kollegialer Austausch			• • •	• • •	• • •	• • •	• • •	
Konzeptionstage Bindung & Übergangsgestaltung			▬					
Konzeptionstage Peer				▬				
Reflexionen in den Piloteinrichtungen							▬	
Abschlussveranstaltung							▬	
Start Weiterentwicklung Trägerkonzept								▬

Implementierung des Modells in der Kita

Die Auseinandersetzung mit dem Modell der Eingewöhnung in der Peer und die daraus resultierenden konzeptionellen Veränderungen müssen von allen Beteiligten mitgetragen werden, da die Umsetzung nicht auf Trägerebene, sondern vor allem direkt in den Kindertageseinrichtungen stattfindet. Der Träger kann die Umsetzung durch die Bereitstellung der notwendigen Ressourcen und Rahmenbedingungen unterstützen und für Transparenz, Partizipationsmöglichkeiten und Wertschätzung sorgen.

Implementierung aus Leitungssicht

Die Leitungen der Einrichtungen haben im Prozess die Funktion der Planung, Lenkung und Umsetzung des Eingewöhnungsmodells in der Peer, welche sie im Spannungsfeld der eigenen fachlichen Auseinandersetzung und ihrer Führungsaufgabe ausführen und gestalten müssen (Rücker, 2022). Unterstützend ist auch hier der Nutzen einer Leitungs-Peer, wenn es sich um mehrere Einrichtungen eines Trägers handelt. Alle stehen vor der „Entwicklungsaufgabe", die Implementierung zu bewältigen, und können sich im Rahmen kollegialer Beratungen unterstützen. Falls möglich sollten Leitungen durch interne Beratungsangebote, z.B. von Fachberatungen, Praxisberatungen usw., auch kurzfristig unterstützt werden. Auf diesem Wege ist gesichert, dass wichtige Informationen nicht verloren gehen und „Abweichungen und Krisen schnell erkannt werden, um zeitnah nachzusteuern und Unterstützung zur Zielerreichung anzubieten" (ebd. S. 43).

Die Information der Leitungen erfolgt je nach Größe des Trägers über:

- Kick-off-Veranstaltung
- Dienstbesprechungen
- Schriftliche Information über Fachartikel und Publikationen, Info-Filme, Podcasts
- Vorträge von Fachexpert:innen für Eingewöhnungen in der Peer
- Fortbildungsangebote und Workshops
- Unterstützung und Beratung durch Fachberatung, Praxisberatung etc.

Die Ausgangssituation, das bestehende Eingewöhnungskonzept zu verändern, kann sowohl durch die eigene Unzufriedenheit und Erfahrung bei Übergangsgestaltungen als auch durch Impulse der Fachkräfte, Familien oder des Trägers initiiert worden sein. Je nachdem, wer den Stein ins Rollen gebracht hat, unterscheidet sich unter Umständen der Grad an Engagiertheit und Motivation in Ihrem Team. Sie müssen sich bewusst sein, dass die direkte Implementierung des Modells in erster Linie das pädagogische Handlungskonzept der Fachkräfte, was den Eingewöhnungsprozess der neuen Kinder und Familien betrifft, verändert. In räumlicher, struktureller und personaler Hinsicht ist die komplette Einrichtung davon betroffen.

Nächster Schritt: Team!

In der Funktion der Leitung kennen Sie sich mit den strukturellen und personellen Bedingungen Ihrer Kita gut aus und setzen sich vorbereitend mit dem Modell und seinen Hintergründen fachlich auseinander. Im Anschluss daran überlegen Sie, welches Format im Rahmen unterstützender Personal- und Teamentwicklungsmaßnahmen geeignet ist, Ihr Team über das Modell und dessen theoretische Fundierung zu informieren.

Die Information Ihrer Fachkräfte erfolgt je nach Größe der Einrichtung und Informationskultur:

- Interne Informationsveranstaltungen im Team
- Teambesprechungen
- Pädagogische Tage/Konzeptionstage (Eingewöhnung in der Peer und Querschnittsthemen wie Fachkraft-Kind-Interaktion, Zusammenarbeit mit Familien, Bezugsfachkraft-System etc.)
- Einzel- oder Teamfortbildungen
- hausinterne Arbeitsgruppen zur Vorbereitung der Implementierung, Transfer ins Gesamtteam
- Möglichkeit der Hospitation in Einrichtungen, die bereits mit dem Modell arbeiten
- Unterstützung und Beratung durch Fachberatung, Praxisberatung etc.

Implementierung aus Teamsicht

Es ist wichtig, die Fachkräfte in den Einrichtungen frühzeitig in die Überlegungen miteinzubeziehen. Je transparenter und offener der Prozess gestaltet wird, umso motivierter sind die Pädagog:innen und umso geringer ist der Widerstand bei Kritiker:innen. Letztere wird es nahezu in jeder Einrichtung geben; das Ziel ist, diese im Veränderungsprozess mitzunehmen und, falls sie sich nicht überzeugen lassen, klären, wie damit umgegangen werden soll/kann.

Welche Ressourcen sind schon verfügbar?

Ein hilfreicher Einstieg ist die gemeinsame Reflexion bisheriger Eingewöhnungsverläufe, Beobachtungen und Rückmeldungen im Team und ein erster Austausch über Impulse aus Fortbildungen, Fachartikeln u. a. hinsichtlich der Bedeutung neuester Erkenntnisse der Peerforschung und des Modells der Eingewöhnung in der Peer.

Mitarbeiter:innen in Kindertagesseinrichtungen haben unterschiedliche Vorkenntnisse, Erfahrungen und handlungsleitende Orientierungen und je nachdem entscheiden Sie über die weitere Vorgehensweise. Trotz unterschiedlicher persönlicher Ausgangsvoraussetzungen sind bei den Fachkräften Grundlagen vorhanden, auf die Sie zurückgreifen können, wie z. B. das in Qualifikationen erworbene Fachwissen, Erfahrungen mit Eingewöhnungen, Kenntnis von Eingewöhnungskonzepten etc.

Darüber hinausreichende Themen greifen Sie im Team auf bzw. nutzen externe Beratungen und Fortbildungsangebote, um hier für ein möglichst homogenes Grundlagenniveau zu sorgen. Auch Querschnittsthemen, die im Zuge der Veränderung einen (neuen) Stellenwert erhalten, müssen fachlich behandelt werden.

Reflexion: Die Zusammenarbeit im Team

- Welche Chancen bieten sich für die Einrichtung durch die Eingewöhnung in der Peer?
- Vom Ich zum Wir: Welches Führungsleitbild habe ich als Leitung?
- Welche Ressourcen hat das Team mit Blick auf die Eingewöhnung in der Peer?
- Wie sieht die Zusammenarbeit der Fachkräfte aus?
- Inwieweit stehen die Kompetenzen der einzelnen Fachkräfte und die der Gruppe im Vordergrund?
- Welche Rolle hat die einzelne Fachkraft – im Team, für die Kinder und für ihre Familien?
- Wie können sich Fachkräfte gegenseitig im Prozess unterstützen?

Mit Widerständen umgehen

Jedes Teammitglied kann und sollte sich mit all seinen „Ja, aber …" einbringen können – ganz gleich ob es um die fachliche Expertise oder die persönlichen Bedenken, Ängste und Befürchtungen geht. Als Leitung sollten Sie diese wahrnehmen und darauf eingehen, denn sowohl fachliche als auch kritische Argumente sind in der Entwicklungsphase berechtigt und müssen bearbeitet werden. Ignorieren Sie Anmerkungen, die Ihrer Vorstellung des neuen Eingewöhnungskonzeptes widersprechen, entstehen Widerstände, die einer guten Umsetzung der Eingewöhnung nicht zuträglich sind und den Weg für weitere Veränderungsprozesse im Team erschweren.

Sie sollten für alle Phasen der Veränderung ausreichend Zeit einplanen, um den Mitarbeiter:innnen die notwendige Zeit einzuräumen, sich mit den konzeptionellen Veränderungen und den daraus resultierenden vielfältigen neuen Aufgaben und Themenbereichen auseinanderzusetzen.

Information der Familien

Bitte vergessen Sie nicht, die Familien und Kinder zu informieren und in die Planung miteinzubeziehen. Dies sorgt für Transparenz auf allen Ebenen und schützt vor Unstimmigkeiten und Kritik, welche oftmals entsteht, wenn ein Teil der Beteiligten das Gefühl hat, vor vollendete Tatsachen gestellt worden zu sein. Nutzen sie die Familien und Kinder als Ressource, die unter Umständen gerne mit guten Ideen zur Optimierung und Weiterentwicklung beitragen.

Die Information der Familien kann schriftlich, in Gremien oder durch den Elternbeirat erfolgen – wenn nötig mit Dolmetscher:innen oder Übersetzungen.

Praxisfrage: Was mache ich, wenn sich nicht alle Fachkräfte von der Umsetzung der Eingewöhnung in der Peer überzeugen lassen?

Nicht immer ist es möglich, alle Teammitglieder von der Notwendigkeit einer Veränderung zu überzeugen. Wenn Sie sich als Leitung/Team sicher sind, dass Sie die Möglichkeiten der fachlichen Auseinandersetzung ausgeschöpft haben und die Kritiker:innen ausreichend Raum hatten, ihre Bedenken anzubringen, sollte die Umsetzung konzeptionell verankert werden. Die pädagogische Arbeit in Kindertageseinrichtungen basiert auf einer Konzeption, welche aus professioneller Sicht von allen Fachkräften zu tragen und umzusetzen ist, auch wenn die persönliche Meinung abweicht.

Checkliste: Erarbeitung eines einrichtungsinternen Umsetzungskonzepts

Die Implementierung des Tübinger Modells der Eingewöhnung in der Peer in Ihrer Einrichtung geschieht über die Anpassung des bisherigen Eingewöhnungskonzeptes und die konkrete Planung der Umsetzung. Diesen Prozess können Sie mithilfe des sogenannten PDCA-Zyklus erarbeiten:

Plan:
- Vorbereitungsphase: Analyse und Entscheidung
- Planung des Prozesses
- Erarbeitung des Umsetzungskonzeptes

Do:
- Umsetzung der Eingewöhnung in der Peer

Check:
- Reflexion
- Evaluation

Act:
- Konzeptionelle Verankerung
- Gewährleistung der Eingewöhnung in der Peer als Standard
- Öffentlichkeitsarbeit und Vernetzung

Planung des Prozesses

Der erste Schritt nach der fachlichen Analyse und der Entscheidung des Trägers und im Team beinhaltet nun die konkrete Planung für Ihre Kindertageseinrichtung. Überlegen Sie, welche Ressourcen Ihnen bereits zur Verfügung stehen bzw. welche Sie zur Umsetzung noch beantragen müssen.

Welche Ressourcen braucht es in einem Team? In einer Kita?

Fachliche Ressourcen:
- hohe Fachlichkeit der Pädagog:innen
- gute Kommunikationsfähigkeit
- Wissen um Ko-Regulation
- gute Analyse- und Reflexionsfähigkeit

Persönliche Ressourcen:
- Souveranität, gutes ‚Standing' in der Zusammenarbeit mit Familien
- Teamfähigkeit
- Lust am Lernen und Weiterentwickeln

Strukturelle Ressourcen:
- Vollzeitkräfte/Teilzeitkräfte
- Möglichkeit einer temporären flexiblen Dienstplangestaltung
- räumliche Kapazitäten (separater Raum)

Vom Ich zum Wir: Übergangsgestaltung auf der Teamebene

Überlegungen zur Veränderung der Übergangsgestaltung führen in Teams dazu, sich grundsätzlich über das Arbeiten in Peers auszutauschen, und nicht selten beginnen die Überlegungen beim Führungsleitbild der Leitungen: Welches Leitbild prägt mein Arbeiten mit dem Team und den einzelnen Teammitgliedern? Welches Menschenbild liegt meiner Führungsidee zugrunde? Ein Querschnittsthema, das sich in der Begleitung von Piloteinrichtungen gezeigt und für viele als *das* grundlegende Thema herauskristallisiert hat.

Die Eingewöhnung in der Peer basiert auf dem Verständnis, dass Kinder innerhalb der Gruppe miteinander interagieren und durch die gemeinsame Bearbeitung von Entwicklungsaufgaben lernen. Die Kinder ko-konstruieren ihre Bildungsprozesse auf einer symmetrischen, reziproken Ebene. Aber was ist mit dem Eingewöhnungstandem? Dem Team? Der Leitung?

Durch die Interaktion mit anderen entstehen „Resonanzräume" (Korpiun, Tchelebi, & Thiele, 2017, S. 198), in denen sich das Potenzial des beschriebenen Menschenbilds zeigt. Wenn Leitung und Fachkräfte miteinander im Austausch sind, gemeinsam an Themen arbeiten und die Einrichtung konzeptionell weiterentwickeln, können die Diversität und die unterschiedlichen Perspektiven den Veränderungsprozess bereichern und persönliche Entwicklung kann stattfinden. Entscheidend ist, dass Sie indviduelle Stärken und Ressourcen nutzen und nicht die Defizite und fehlenden Mittel und Fähigkeiten in den Vordergrund stellen.

„Als Menschen sind wir nur so erfolgreich und wirksam, wie es uns gelingt, gut in Beziehung zu sein. Das gilt für alle Formen von Partnerschaften, für Teams ebenso wie für Organisationen und letztlich auch für unser Zusammenleben in Gesellschaften"

Korpiun, Tchelebi, & Thiele, 2017

Reflexion für die Leitung: Mein Menschenbild

Die ICH-Ebene

- Gehe ich konsequent von den Kompetenzen der einzelnen pädagogischen Fachkräfte aus?
- Habe ich einen mitarbeiter:innenorientierten Blick?
- Reflektiere ich mich selbst?
- Mute ich meinen Mitarbeiter:innen die selbständige Erarbeitung von Themen zu (und unterstütze sie)?
- Verfolge ich das Ziel, das Selbstbewusstsein jedes Teammitglieds zu fördern?

Die WIR-Ebene

- Erkenne ich die unterschiedlichen Kompetenzen der Fachkräfte im Team (an)?
- Ermögliche ich allen, dort zu arbeiten, wo die eigenen Kompetenzen eingesetzt werden können?
- Arbeite ich an der Steigerung der Zufriedenheit und Aufwertung der Mitarbeitenden mit dem Ziel der Steigerung des Engagements und der Team-Kompetenz?

Reflexion für die Pädagog:innen: Eingewöhnung in der Peer

Ich als Pädagog:in …

… kann eine Beziehung zu einem neuen Kind/der Peer und deren Familie aufbauen
… unterstütze und begleite das Kind/die Peer im Übergang
… unterstütze und begleite die Familie(n) im Übergang
… ich kann die Feinzeichen und Signale der Kinder entsprechend wahrnehmen, interpretieren und feinfühlig beantworten

Wir als Eingewöhnungstandem …

… lassen das Kind/die Peer entscheiden, zu wem es/sie eine Beziehung aufbauen kann und möchte
… begleiten den Übergang der Peer gemeinsam
… nutzen unsere individuellen fachlichen Kompetenzen
… unterstützen und begleiten die Familie(n) im Übergang gemeinsam
… beantworten die Signale des Kindes entsprechend der Perspektive des Kindes
… sind die Eingewöhnungsfachkräfte und tragen die gemeinsame Verantwortung für diese Zeit
… reflektieren täglich gemeinsam den Verlauf der Eingewöhnung und entscheiden, wer wann was übernimmt

Praxisfrage: Wie wird das restliche Kita-Team während stattfindender Peer-Eingewöhnungen eingebunden?

Auch hier gelingt ein „vom ICH zum Wir", wenn das Eingewöhnungstandem die Erkenntnisse seiner täglichen Reflexionen und Eindrücke der Peer in regelmäßigen Abständen in Teambesprechungen o.Ä. dem Gesamtteam weitergibt. Sobald die komplette Öffnung in die Bestandsgruppe ansteht, sollten alle Fachkräfte über die neuen Kinder, ihre Familien und deren Besonderheiten und Bedürfnisse informiert sein. Diese Denkweise und Haltung lässt sich auf nahezu alle pädagogischen und organisatorischen Belange – auch außerhalb der Eingewöhnung – in der Kindertageseinrichtung übertragen und prägt mit der Zeit das kollegiale Miteinander.

Selbstreflexion und Biografiearbeit

Die Begleitung von Eingewöhnungsprozessen erfordert von Ihnen nicht nur pädagogische Handlungskompetenzen, welche im Rahmen einer Fach- bzw. Hochschulqualifikation erworben werden können. Unsere Verhaltensweisen, Vorstellungen und Erwartungen sind oftmals mit eigenen Bindungserfahrungen und unter Umständen mit negativen persönlichen Erfahrungen verknüpft, weshalb die Reflexion und eventuell die Aufarbeitung der eigenen Biografie von immenser Bedeutung ist.

Der Reflexion und Auseinandersetzung mit persönlichen Bindungserfahrungen sollte von Seiten des Trägers und der Leitung Raum und Zeit eingeräumt werden, sofern dies deren Kompetenz- und Aufgabenspektrum nicht übersteigt. Leitungen sollten sich dem Thema keinesfalls aus therapeutischer Sicht widmen, da sie hierzu meist nicht ausgebildet sind. Dennoch ist es hilfreich, gemeinsam mit dem Team zu reflektieren, welche Erfahrungen bindungstechnischer Art gemacht wurden und welche Erwartungen daraus in Bezug auf Eingewöhnungen abgeleitet werden können. Die Reflexion eigener Bindungserfahrungen hilft oftmals zu verstehen, wie einzelne Fachkräfte Verhaltensweisen der Kinder und familialen Bezugspersonen (emotional) wahrnehmen und interpretieren (Suess/Burat/Hiemer 2009, S. 97ff).

Die Eingewöhnung im Tandem ermöglicht Fachkräften die Reflexion der eigenen Praxis in einem überschaubaren Rahmen von zwei, max. drei Fachkräften, was die Bereitschaft, das eigene Handeln zu reflektieren, erhöht – sofern das Tandem aus Fachkräften besteht, die sich gut verstehen und professionell zusammenarbeiten.

Tipp: Biografiearbeit

Biografische Reflexionsprozesse können Sie durch die gemeinsame Betrachtung und Analyse geeigneter Praxisbeispiele oder Videosequenzen anstoßen.

Leitfragen zur Analyse:

- Welche Ausdrucksformen und Verhaltensweisen zeigen sich?
- Wie werden Verhaltensweisen des Kindes/der Kinder interpretiert?
- Was löst dieses Verhalten bei mir aus?
- Was erwarte ich vom Kind/den Kindern? Den familialen Bezugspersonen?

5

Gemeinsam den Übergang bewältigen

Die Zusammenarbeit aller Beteiligten

Die Eingewöhnung neuer Kinder bedeutet eine Veränderung für alle Beteiligten und setzt voraus, dass alle Kinder, Familien und pädagogischen Fachkräfte über eine bevorstehende Eingewöhnung und auch über deren Folgen für den Alltag ausreichend und rechtzeitig informiert sind. Über eine vertrauensvolle Zusammenarbeit und gegenseitige Rücksichtnahme auf räumlicher, organisatorischer, personeller und individueller Ebene gelingt die Übergangsbewältigung für die Peer und deren Integration in die Kindertageseinrichtung. Wie die Zusammenarbeit gestaltet werden kann, beleuchtet das folgende Kapitel.

Gemeinsam den Übergang bewältigen

Die Aufgabe der pädagogischen Fachkräfte

In den ersten Tagen der Eingewöhnung geht es vorrangig um ein gegenseitiges Kennenlernen der Bezugspersonen, Kinder und Fachkräfte. Nutzen Sie die Zeit, um die individuellen kindlichen Bedürfnisse und Signale wahrzunehmen und zu beobachten. Die Beobachtung unterschiedlicher Verhaltensdimensionen beim Kind, wie z. B. der Ausdruck von Affekten und Interessen und Initiativen hinsichtlich dynamischer, sozialer Kontakte, sind für die weitere Planung und den weiteren Verlauf des Eingewöhnungsprozesses entscheidend (Datler, et al. 2012). Die Beobachtung des Bindungsverhaltens zwischen familialer Bezugsperson und Kind in unterschiedlichen Situationen ermöglicht eine vorsichtige Analyse hinsichtlich der Beziehungsgestaltung innerhalb der Familie und der Bindungsqualität.

Beziehungsaufbau in der Eingewöhnung

Der Beziehungsaufbau zwischen den Fachkräften, dem einzelnen Kind und der Peer erfolgt durch eine empathische und responsive Haltung, die dem Kind/den Kindern signalisiert: „Ich bin da, ich nehme dich/euch, deine/eure Bedürfnisse und dein/euer Handeln wahr, wenn du/ihr mich brauchst, unterstütze ich dich/euch!" (Fink, 2022, S. 12–13). Zeigen Sie sich präsent in Situationen, in denen sich das Kind/die Kinder mit anderen Peers in gemeinsamen Spielinteraktionen, der Bearbeitung von Bildungsinteressen oder auch konflikthaften Situationen befindet, und werfen Sie einen differenzierten Blick auf die Bedarfe der Peer, sodass Sie die Interaktionen der Peergroup gegebenenfalls durch Impulse unterstützen und begleiten können, um das Fortbestehen dieser Peer-Prozesse zu gewährleisten. Initiieren Sie den Beziehungsaufbau zum einzelnen Kind wie auch zur Peergroup über den Dialog und unterschiedliche, den Interessen der Kinder entsprechende Spielimpulse.

Eingewöhnungsfachkräfte bewegen sich hier in einem Spannungsfeld zwischen Aktivität und Zurückhaltung und entscheiden situativ, ob und welche pädagogischen Interventionen für die Peerprozesse und -interaktionen notwendig und angemessen sind, damit die Kinder voneinander profitieren und sich gegenseitig unterstützen können.

Schlüsselkompetenz Beobachtung

Die Aufgabe der Fachkräfte liegt sowohl in der individuellen als auch Peer-versierten Unterstützung von Bindungs- sowie Explorationsverhalten. Diese pädagogischen Interventionen orientieren sich am Alter, Entwicklungsstand und den Bildungsinteressen der neuen Kinder. Je jünger die Kinder sind, umso bedeutsamer ist hierbei die professionelle Beobachtungskompetenz der pädagogischen Fachkräfte hinsichtlich der Wahrnehmung und Interpretation der kindlichen Signale auf verbaler, aber vor allem auf nonverbaler Ebene. Und planen Sie auf der Basis dieser Beobachtungen und in Zusammenarbeit und im Austausch mit den familialen Bezugspersonen die weiteren Schritte der Eingewöhnung.

Entscheidende Parameter für die Beobachtung:

- das individuelle Bindungsverhalten
- das emotionale Verhalten
- die individuellen Interessen und Aktivitäten jedes einzelnen Kindes
- die Peer-Interaktionen
- die Interaktion mit der Bezugsperson
- das Verhalten der Bezugsperson
- der Beziehungsaufbau Fachkräfte-Kind

Kern der Eingewöhnung: Partizipation

Im Prozess der Eingewöhnung bedeutet das für das Eingewöhnungstandem, mit Kindern entsprechend ihrem Entwicklungsstand und ihren Bedürfnissen in einen Aushandlungsprozess zu treten. Im Sinne einer gelungenen konstruktivistisch geprägten Partizipation bedeutet das, die Kinder über anstehende Aktivitäten und Schritte zu informieren, sie – vor allem bei ganz jungen Krippenkindern – mittels Interpretation und Analyse ihrer Bedürfnisse und Interessen mitentscheiden zu lassen. Dies betrifft beispielsweise Prozesse wie das Wickeln, den Körperkontakt, auf den Arm genommen werden wollen und schlussendlich, ob sie sich von ihren Bezugspersonen trennen wollen und können. Es ist wichtig, dass Kinder sich hier auf ihre familialen und die institutionellen Beziehungspersonen, welche diese Prozesse in Abwägung von Autonomie und Fürsorge beschließen, verlassen können.

Praxisfrage: Verhindert die Peer-Eingewöhnung nicht, dass das einzelne Kind eine stabile Beziehung zur Fachkraft aufbauen kann?

Der Beziehungsaufbau der Kinder erfolgt im Wechsel zwischen den Interaktionen mit den Fachkräften und/oder den Peers – je nach Bedürfnis der einzelnen Kinder. Wichtig ist, dass die Fachkräfte als Teil der Gruppe präsent sind und die Signale der Kinder wahrnehmen und interpretieren. Der Beziehungsaufbau ist in erster Linie ein aktiver Prozess von Seiten des Kindes. Wenn Sie als Fachkraft feinfühlig auf die Bedürfnisse der Peer und der einzelnen Kinder eingehen und diese unterstützen, entsteht eine Beziehung. Erlebt das Kind/erleben die Kinder Sie als vertrauenswürdig, verlässlich und zugewandt, entsteht eine stabile Beziehung.

Neues Modell – neue Rolle

Die meisten pädagogischen Fachkräfte sind es gewohnt, Kinder einzeln aufzunehmen. In den bisherigen Modellen waren sie sich ihrer Rolle und Aufgabe bewusst und das trianguläre Setting mit Bezugsperson, Kind und Fachkraft bot wenig Spielraum, entscheiden zu müssen, ob man sich nun eher passiv oder aktiv verhält bzw. mit wem man in Interaktion tritt und wer einen gerade nicht braucht. Die Auswertung von Videosequenzen, die im Rahmen der Forschungsprojekte erstellt und analysiert wurden, zeigt bei Tandems, welche erstmalig mit dem Modell arbeiten, Unsicherheiten:

- Wann und wie lange beobachte ich die Peergroup? Wann werde ich aktiv?
- Was bedeutet es, das Spiel der Kinder zu begleiten? Impulse zu geben?
- Bringe ich neue Materialien ein?
- Setze ich mich einfach dazu und beteilige mich am Spiel der Peers?
- Mit welchem Kind/welchen Kindern gehe ich in Interaktion? Wann ziehe ich mich zurück?
- Was mache ich, wenn die Kinder nicht miteinander interagieren?
- Wann und womit unterstütze ich die Peer-Interaktion? Wann lasse ich ein Kind alleine spielen?
- Wann greife ich ein? Wenn Kinder Hilfe benötigen? Wenn Regeln/Grenzen überschritten werden?
- Wie verhalte ich mich gegenüber den Bezugspersonen?
- Setze ich mich zu ihnen, wenn alle Kinder zufrieden sind?
- Versuche ich Gespräche unter den Bezugspersonen zu initiieren?
- Wann und in welchem Umfang nutze ich die Gespräche, um den Bezugspersonen das kindliche Spielverhalten zu beschreiben und aufzuzeigen?

Was ist meine Aufgabe?

Bei der bisherigen Form der Einzeleingewöhnung sind diese Fragen weniger aufgekommen, da es nur ein Kind gab, zu dem es galt, eine Beziehung aufbauen. Hinzu kommt bei der Eingewöhnung in der Peer, dass man nicht alleine für die Eingewöhnung verantwortlich ist, sondern im Tandem und sich dadurch neue Fragen stellen: Wer ist bei welchem Kind? Wer begleitet das Spiel der Peergroup? Stört es, wenn beide Fachkräfte sich um die Kinder scharen? Wer unterhält sich mit den familialen Bezugspersonen? Was denken die Bezugspersonen, wenn beide Fachkräfte „nur" beobachten?

An dieser Stelle ist es wichtig, dass sich Ihr Verhalten und pädagogisches Handeln als Eingewöhnungsfachkraft vorrangig an den Signalen und Bedürfnissen der einzelnen Kinder orientiert. Sie beobachten die Kinder, gehen mit ihnen in Interaktion, unterstützen Peer-Interaktionen und begleiten deren Interessen. Ihre Aufgabe ist es, sich den Kindern als Interaktionspartner:in anzubieten mit dem Ziel, eine Beziehung aufzubauen, die dem Kind/den Kindern Sicherheit und Orientierung bietet – wenn das Kind diesen Beziehungsaufbau ebenfalls aktiv betreibt.

Praxisfrage: Werde ich jedem Kind gerecht?

Hier lohnt sich die selbstreflexive Frage, was Sie darunter verstehen, dem Kind gerecht werden zu wollen. Gerecht werden Sie dem Kind, wenn Sie seine Bedürfnisse wahrnehmen und das Kind bei der Befriedigung derselben unterstützen. Ein Bedürfnis des Kindes kann sein, einen Moment alleine spielen zu wollen, die anderen Peers zu beobachten oder ohne das Beisein von Erwachsenen in der Peer zu interagieren. Es kann aber auch sein, dass es Ihre Nähe sucht und mit Ihnen ins Spiel kommt oder auf Ihre Impulse angewiesen ist. Fakt ist, dass Kinder in diesem Setting keine konstante 1:1-Betreuung von Seiten der Erwachsenen benötigen, da sie viele Prozesse auch im Rahmen der Peer bearbeiten und bewältigen.

Beziehungsaufbau in der Eingewöhnung

Als Eingewöhnungsfachkraft ist es Ihr Auftrag, dem Kind in der Eingewöhnungsphase ein Beziehungsangebot zu machen, indem Sie sich den Kindern individuell und in der Peer präsent und interessiert zuwenden. Die Bildungsinteressen von Kindern werden von Ihnen wahrgenommen und bei Bedarf aufgegriffen und begleitet. Sie zeigen den Kindern, dass ihre Bedürfnisse verlässlich wahrgenommen und unterstützt werden. In Krisensituationen stehen Sie den Kindern unterstützend und tröstend zur Seite. Bei Spielsituationen innerhalb von Peers entscheiden Sie, ob es dem Spielinhalt und der Peer-Interaktion zuträglich ist, wenn Sie sich zurückhalten oder sich mit entsprechenden Impulsen in das Spielgeschehen integrieren.

Der Beziehungsaufbau ist geprägt durch ihr feinfühliges und zuverlässiges Verhalten. Sie gehen mit dem Kind bzw. der Peer, sooft es die Situation zulässt, in emotional unterstützende Dialoge, um diese Beziehung zu festigen. In der Eingewöhnungsphase brauchen Kinder und Erwachsene ausreichend Zeit, um sich aneinander zu gewöhnen, sich kennenzulernen, um die Signale, Verhaltensweisen und Interessen der anderen einschätzen zu können.

Diese Interaktionen mit den neuen Kindern sind geprägt durch ein hohes persönliches und fachliches Engagement und systematische Bildungsanstrengungen. Bei ganz jungen Kindern stehen sicherheitsgebende und stressreduzierende Aspekte im Vordergrund, da die Kinder noch auf weniger Erfahrungen außerfamiliärer Beziehungen und Betreuung zurückgreifen können als ältere Kinder.

Tägliche Reflexion

Nicht alle Kinder bauen gleichermaßen eine Beziehung zu beiden Fachkräften auf und so ist es wichtig, vor allem in der Anfangsphase täglich im Eingewöhnungstandem zu reflektieren, wer von beiden die vertrautere Ansprechpartner:in des Kindes ist oder ob beide die gleiche Stellung bei dem jeweiligen Kind einnehmen. Diese individuelle und respektvolle Begleitung gibt den Kindern die Möglichkeit, zu der Fachkraft Vertrauen aufzubauen, welche sie sich als Beziehungsperson ausgesucht haben.

5 Merkmale für eine gute Beziehung zwischen Kind und Fachkraft

Emotionale Zuwendung: Ihr Verhalten ist feinfühlig und Ihre Kommunikation emotional warm und zugewandt.

Sicherheit: Sie sind besonders in stressvollen oder Angst erzeugenden Situationen für das Kind verfügbar.

Stressreduktion: Sie fördern bei der Emotionsregulation, wenn Kinder sich wehtun, starken Stress oder intensive Emotionen empfinden, damit sie wieder ins Gleichgewicht kommen.

Explorationsunterstützung: Sie ermutigen das Kind, seine Umgebung zu erkunden, in Interaktion mit anderen Kindern zu treten, zu spielen und zu lernen. Sie nehmen die Interessen des Kindes wahr und unterstützen es ko-konstruktiv bei der Bearbeitung.

Assistenz: Sie fördern das selbständige und eigenaktive Handeln des Kindes beziehungsweise unterstützen entwicklungsgemäß, wenn das Kind bei Aufgaben an die Grenzen seiner Handlungsfähigkeit kommt.

Ist das Vertrauen schon da?

Zu Beginn erfolgt die Kontaktaufnahme und der Beziehungsaufbau in Anwesenheit und Begleitung der familialen Bezugspersonen. Im Anschluss an die ersten Verabschiedungen ist es dann umso wichtiger, dass die Eingewöhnungsfachkräfte sichere und vertraute Beziehungspersonen für die Kinder geworden sind, um sowohl bei Bildungsprozessen als auch in Bindungsverhalten auslösenden Situationen die Rolle und Funktion von Bindungspersonen übernehmen zu können.

In der Eingewöhnungsphase ist jedoch nicht immer eindeutig zu erkennen, ob der Beziehungsaufbau schon erfolgt ist und die Vertrautheit und Sicherheit für das Kind gegeben ist, damit erste Verabschiedungen geplant werden können. Aus praktischer Sicht zeigt sich dies erst, wenn Sie sich für eine erste kurze Trennung entscheiden und dies mit den familialen Bezugspersonen besprechen. Ob die Qualität der Kind-Fachkraft-Beziehung ausreichend ist, entscheidet das Kind in der jeweiligen Situation. Erst dann kann über das weitere Vorgehen nachgedacht werden.

Reflexion: Beziehungsaufbau zwischen Kind und Eingewöhnungsfachkräften

Zuwendung
- Bringt das Kind den Wunsch nach körperlicher Nähe zum Ausdruck oder sucht es meine/unsere Nähe?
- Kommunizieren das Kind und ich auf eine liebevolle, emotional warme und pädagogische Weise?
- Haben wir Freude am Zusammensein und der gemeinsamen Interaktion?

Sicherheit
- Ist das Kind körperlich entspannt? Wendet es sich mir/uns aktiv und aufgeschlossen zu?
- Kann sich das Kind bereits aus dem Sichtfeld der familialen Bezugsperson bewegen?

Stressreduktion
- Lässt sich das Kind durch mich/uns in misslichen Lagen angemessen trösten und unterstützen?
- Kann ich/können wir ihm bei der Regulation negativer Emotionen und der Überwindung von Ängsten helfen?
- Orientiert es sich in unsicheren/neuen Situationen an mir/uns? (z. B. in Mikrotransitionen)
- Stehe ich/stehen wir dem Kind als sichere Basis zur Verfügung?

Explorationsunterstützung
- Lässt sich das Kind in meinem/unserem Beisein leicht auf neue Aktivitäten ein, vertieft es sich ins Spiel und sucht neue Herausforderungen?
- Bin ich/sind wir in der Lage, die Interessen und Bedürfnissen des Kindes/der Peer zu erkennen, zu analysieren und zu interpretieren?
- Geht das Kind auf den Dialog mit mir/uns ein? Reagiert es auf meine/unsere Impulse?
- Ermutige ich/ermutigen wir das Kind zum Erkunden? Unterstützen wir das Kind beim Explorieren?

Assistenz
- Sucht das Kind aktiv die Begleitung/Nähe? Nimmt es meine/unsere Unterstützung an?

Gemeinsam explorieren – zusammen wachsen

Für die Entstehung sicherer Fachkräfte-Kind-Beziehungen förderliche Interaktionen entstehen, wenn Sie Kinder – egal welchen Alters und Entwicklungsstands – beim Erkunden der Umwelt sowie ihrer Wissenserweiterung unterstützen. Die Eingewöhnung in der Peer bietet Ihnen ab dem ersten Tag die Möglichkeit, Bildungsprozesse der Kinder nicht nur auf das einzelne Kind zentriert zu betrachten, sondern im Rahmen der Peer. Ein weiterer Vorteil ist, dass die Kinder von zwei Fachkräften beobachtet werden, die diesbezüglich in kontinuierlichem Austausch stehen. Sichere Fachkräfte-Kind-Beziehungen entstehen in Abhängigkeit von der Gruppenzugehörigkeit und durch ein „empathisches, gruppenbezogen ausgerichtetes Verhalten der Fachkräfte" (Ahnert 2007). Konstitutiv für die Bindungssicherheit eines Kindes zur Pädagog:in sind pädagogische Interventionen, die die für das einzelne Kind bedeutsamen Bedürfnisse unter Einbeziehung der Anforderungen der Peer zum richtigen Zeitpunkt beantworten. Eine kleine und stabile Gruppe wie die Peer in den ersten Tagen der Eingewöhnung ist für ein solches pädagogisches Verhalten optimal.

Unterstützen können Sie das **kindliche Bindungs- und Explorationsverhaltens** durch:

- Vorbereitung einer bedürfnisorientierten und ansprechenden Lernumgebung für sozial- und materialbezogene Lernerfahrungen der Peer
- Präsenz und Verfügbarkeit
- Bereitschaft zum Dialog und zu geteilter Aufmerksamkeit
- Interaktionskompetenz, um die Themen und Interessen der Kinder sprachlich zu begleiten
- Ermöglichung eigen-explorativer Bildungsprozesse der Kinder
- Analysefähigkeit hinsichtlich der Notwendigkeit, durch Impulse individuelle Bedürfnisse zu begleiten, Peer-Interaktionen zu unterstützen oder in eine beobachtende Position zu gehen
- Unterstützung von Peer-Interaktionen, um den gemeinsamen Kompetenzerwerb und Bewältigungsprozess innerhalb der Peer anzuregen
- Beobachtung und Dokumentation

Unterstützung von Peer-Beziehungen

Die Dynamiken innerhalb der Peer werden von verschiedenen Parametern beeinflusst. Ein entscheidender Faktor ist der Bindungsstatus des Kindes zu seinen familialen Bezugspersonen, der sich den Fachkräften in der ersten Zeit während der Anwesenheit der Bezugsperson sowie in Trennungssituationen zeigt. Des Weiteren beeinflussen das kindliche Temperament und der Entwicklungsstand/das Entwicklungsalter der einzelnen Kinder die Zusammensetzung der Peer und deren Nutzen für die Übergangsbewältigung.

Gruppendynamiken leiten

Diese Faktoren beeinflussen das Verhalten der Kinder innerhalb der Peer sowie die Gruppendynamik und entstehende Gruppenkonstellationen. Durch eine professionelle Interaktion können Sie die Kinder dabei unterstützen und begleiten. Nicht außer Acht zu lassen ist hierbei auch das Verhalten der begleitenden Bezugspersonen: Sind diese entspannt und gelassen, kann das Kind sich schneller und leichter auf andere Kinder und Erwachsene einlassen; sind diese verunsichert und gestresst, überträgt sich das auf das Kind und die Peer und hemmt die hilfreichen und erwünschten Interaktionen und Konstruktionsleistungen und Beziehungen unter den Kindern.

Beobachtung der Interaktion

Die Eingewöhnungsfachkräfte beobachten die Kinder während ihrer Anwesenheit in Situationen, in denen sie selbst nicht direkt mit den Kindern in Kontakt sind, um sich ein Bild über die Häufigkeit, die Qualität und individuelle Verhaltensweisen einzelner Kinder in Peer-Kontakten zu machen. Dies ist möglich, wenn gerade nur eine der Fachkräfte in Spielsituationen involviert ist oder die Kinder sich unabhängig von den Erwachsenen in Peer-Interaktionen befinden.

Checkliste: Peerinteraktionen beobachten

Situationsqualität: Interaktivität des Spiels
- Spielt das Kind alleine, mit Peers …?

Peer-Konstellation

Interaktionsqualität
- Wer stellt den Kontakt her?
- Wer sendet (konstruktive) Zeichen?
- Zeigen Kinder Aggressionen/ Provokationen?
- Gibt es Protestreaktionen in Form von zurückweichen, sich wegdrehen, weinen etc.
- Körperkontakt – von wem geht dieser aus?

Kontaktaufnahme
- Schließt sich das Kind anderen an, geht es auf andere zu?
- Welche Intention ist erkennbar?
- Wurde der Kontakt durch die Bezugsperson /Fachkraft initiiert?

Kontaktende
- Geht das Kind weg und verlässt die (Spiel-)Situation?
- Wurde die Situation durch die Fachkraft/Bezugsperson beendet?
- Warum? Was war der Auslöser?

Wie Kontaktaufnahmen stattfinden

Junge Kinder gehen über unterschiedlichste Verhaltens- und Handlungsweisen mit Peers in Kontakt. Wenn sie noch nicht in der Lage sind, sich verbal zu äußern, findet die Kontaktaufnahme über Blickkontakt, gegenseitige Beobachtung, ein Lächeln, Annäherungen und vorsichtige Berührungen statt. Ein gegenseitiges Nachahmen, Zeigegesten oder auch ein Austausch von Spiel- oder Alltagsobjekten dienen der Initiierung von gemeinsamem Spiel und geteilter Aufmerksamkeit. Bewegungs- und Imitationsspiele haben einen hohen Aufforderungs- und Anregungscharakter und animieren zum Mitmachen. Diese Art von Bewegungsspielen begleiten Kinder oft mit lautstarken Äußerungen – sie lachen, kreischen und schreien – und schon entstehen gemeinsame Spiele, deren Regeln und Muster die Kinder untereinander aushandeln.

Reflexion: Peerbeziehungen

- Zeigt das jeweilige Kind Freude, Interesse und Anteilnahme für andere Kinder, deren (Spiel-)Handlungen und Mitteilungen?
- Teilen die Kinder Interessen, Spielinhalte, Absichten und/oder Gefühle?
- Welches Kind zeigt Interesse an welchen Peers? In welchen Situationen? Mit welchem Ziel? Welches nicht?
- Unterstützen die Fachkräfte Interaktionen unter den Peers? Geben sie ausreichend Zeit, schützen die Situation, unterstützen und begleiten sie, geben sie Impulse? Wichtig ist, dass die Fachkräfte situationsbedingt entscheiden, ob es für die Peer und ihre Interessen/Themen gewinnbringend und sinnvoll ist, wenn sie sich einbringen.
- Machen die Fachkräfte die Kinder aufeinander und deren Ideen aufmerksam? (Zum Beispiel Linking up nach Marte Meo)
- Paraphrasieren/erweitern sie Aussagen der Kinder?
- Beziehen sie andere Kinder mit ein?
- Schaffen die Fachkräfte Interaktionen/Situationen, in denen sich das Kind als Teil einer Peer wahrnehmen kann?
- Erkennen die Fachkräfte konflikthafte Situationen, beobachten und begleiten diese bei Bedarf? Lassen sie den Kindern die Chance, Konflikte untereinander zu klären? Klären sie Konflikte – falls nötig – entwicklungsangemessen unter Beteiligung der Kinder, bis alle zurück ins Spiel finden?

Was bedeutet es, mit Kindern in Interaktion zu treten?

In der Gesellschaft kursiert oftmals die Vorstellung, dass es keinen Unterschied macht, ob sich Laien mit Kindern unterhalten oder professionell qualifizierte Fachkräfte. Weit gefehlt! Es lohnt sich, einen gesonderten Blick darauf zu werfen, wie und mit welchen Methoden und Zielsetzungen Sie Dialoge mit Kindern führen. Ist Ihr primäres Ziel der Beziehungsaufbau zum Kind, die Integration des Kindes in die Peer oder eine kindorientierte Begleitung und Unterstützung der kindlichen Interessen und Bedürfnisse? Oder dominieren in Ihrer Interaktion eher routinehafte traditionelle Spielimpulse und instruktive alltägliche Anweisungen und Erklärungen zu Verhaltensweisen?

Interaktion? Aber bewusst!

Entscheidend ist, dass die Gestaltung von Interaktionsprozessen (König, 2009) wechselseitig zwischen Kind und Fachkraft *bewusst* geschieht. Im Rahmen einer sich entwickelnden oder bereits bestehenden sozial-emotionalen Beziehung kommunizieren die Akteur:innen verbal und/oder auch nonverbal miteinander. Fachkräfte, die ein emotional warmes Erziehungsverhalten zeigen, sind laut Wolf (1987) aktiver in Interaktionsprozessen mit dem Kind involviert. Die Interaktion mit dem Kind sollte immer „face to face" und unter Berücksichtigung des individuellen Entwicklungsstandes des Kindes praktiziert werden. Ein wichtiger Gelingensfaktor dieser Interaktionsprozesse liegt darin, wie Sie die Kinder mithilfe von Impulsen und bestimmten Interaktionsmethoden zur aktiven Beteiligung anregen und dadurch in das Spielgeschehen integrieren. Mit den Kindern in Interaktion zu sein bedeutet nicht nur, mit Kindern zu kommunizieren, sondern bewusst eine „förderliche Lernumwelt zu gestalten" (ebd. S. 110). Der Fokus liegt auf dem Dialog und weniger auf der Steuerung und Lenkung der Situation.

Kleine Gruppen, hochwertige Interaktion

Die Eingewöhnung in der Peer bietet durch die überschaubare Gruppengröße einen guten Rahmen für eine qualitativ hochwertige Interaktionsqualität. Studien haben gezeigt, dass die Anzahl der Kinder und die Effektivität des pädagogischen Handelns einen großen Einfluss auf die Bildungs- und Entwicklungsprozesse der Kinder haben (Fthenakis, 2003, S. 113). In kleinen Gruppen dominiert ein intensiverer Austausch zwischen Fachkraft und Kind und somit fällt es leichter, die Interaktion unter den Peers erfolgreich zu unterstützen.

Versuchen Sie z. B. in Konfliktsituationen die Kinder zu unterstützen, untereinander selbständig Lösungs- und Aushandlungsprozesse zu entwickeln. Kinder können so Handlungsmuster und Strategien lernen, die sie bei der Interaktion mit Peers einsetzen können. Anhand dieser Erfahrungen können sie sich in emotional belasteten Situationen, wie z. B. bei ersten Verabschiedungen, gegenseitig unterstützen, indem sie sich in die Perspektive des anderen Kindes hineinversetzen. Kinder knüpfen an Situationen an, in welchen sie *mit* Erwachsenen Lösungskonzepte und -strategien verstanden und entwickelt haben. Für Sie als Interaktionspartner:in bedeutet das, sich den intuitiven Theorien der Kinder zu nähern und diese zur Ausgangssituation Ihres gemeinsamen Dialogs und der ko-konstruktiven Weiterentwicklung von Themen zu machen.

Reflexion: Fachkraft-Kind-Interaktion

- Verhalten Sie sich gegenüber dem Kind, seinem Tun und seinen Bedürfnissen aufmerksam, zugewandt und interessiert?
- Begleiten, bestärken und ermutigen Sie das einzelne Kind in dem, was es sagt und tut?
- Gestaltet Sie einen Dialog ko-konstruktiv mit professionellen Interaktionsmethoden?
- Wann und warum interagieren Sie mit den Kindern in der Form von komplementärer Reziprozität?
- Sehen Sie die Möglichkeit, in diesen Situationen in der Form der symmetrischen Reziprozität zu interagieren?
- Welche Chancen und Risiken sind damit verbunden?
- In welchen Situationen interagieren Sie mit den Kindern in Form von symmetrischer Reziprozität?
- Was unterscheidet diese von Situationen, in denen sie in komplementärer Reziprozität interagieren?
- Begleiten und ermutigen Sie das Kind bei der Auseinandersetzung mit seinen Interessen?
- Unterstützen Sie das Kind bei der Regulation von Gefühlen und der Lösung von Konflikten?
- Wenden Sie Strategien der Ko-Regulation an?
- Sorgen Sie dafür, dass das Kind aktiv mitgestalten kann? Unterstützen und respektieren Sie seine Entscheidungen?
- In welchen Interaktionen haben Beiträge von Kindern Sie dazu bewegt, Ihre Weltsicht, Werthaltungen oder Überzeugungen zu ändern oder zu erweitern?

Methode: Sustained Shared Thinking

Mit Kindern zu interagieren, erfordert professionelle Kompetenzen und Methoden im Bereich der Interaktionsqualität. Eine solche Methode ist das *Sustained Shared Thinking* (Sylva & et al., 2003). Mithilfe des SST gelingt es qualitätsvoll und effektiv, verbale Interaktionen zwischen Pädagog:innen und Kindern zu gestalten. Es umfasst sowohl die ko-konstruktiven Prozesse von Weltaneignung und Verstehen als auch das *Scaffolding*. Dabei wird den Kindern ein gedankliches Gerüst geschaffen, um sie bei ihren Denkprozessen zu unterstützen, wie das folgende Beispiel zeigt.

Praxisbeispiel: Scaffolding

Jonas und Timm konstruieren ein Gebäude aus Eisbechern. Sobald dieses eine bestimmte Höhe erreicht hat, stürzt es ein und die Kinder beginnen von vorne. Erzieherin Aylin setzt sich dazu und geht mit den Kindern in Dialog. Sie motiviert die Kinder, ihr Problem genauer in den Blick zu nehmen: „Wann stürzt euer Gebäude denn immer ein? Woran könnte es denn liegen?" Die beiden Jungs freuen sich über ihre Beteiligung. Dies nutzt sie, um mit den Kindern Handlungsalternativen zu erfragen oder auch einen Lösungsvorschlag zu machen: „Wir könnten die Becher enger aneinanderstellen, damit es stabiler wird, was meint ihr?" Die drei bauen gemeinsam weiter und am Ende entsteht ein sehr hohes stabiles Haus. „Schaut mal, durch die enger gestellten Becher ist euer Gebäude viel stabiler geworden. Schön, jetzt schafft ihr sicher locker noch ein weiteres Stockwerk!"

Alle Dialogpartner:innen sind involviert, im Dialog gleichberechtigt, sie diskutieren auf Augenhöhe und erarbeiten und entwickeln gemeinsam Denkprozesse und Lösungen, stellen Fragen, wundern sich, entwickeln Hypothesen und legen diese dar. Für das *shared thinking* ist zentral, dass zwischen Ihnen und dem Kind eine Symmetrie und Solidarität besteht und niemand das Gespräch dominiert, sondern Gedanken gemeinsam entwickelt werden und sich Pädagog:in und Kind an der Bearbeitung des Bildungsprozesses aktiv beteiligen.

Konstruktion und Instruktion

Die erwachsenenzentrierte Interaktion steuert den Dialog über eine direkte Instruktion, direkte Erziehung und Beeinflussung, wogegen die kindzentrierte Interaktion durch die Beobachtung des Kindes gelenkt und geprägt ist. Beide didaktischen Vorgehensweisen – also Konstruktion und Instruktion – sind situationsbedingt in Kindertageseinrichtungen vertreten. Ihre Aufgabe ist es, mit dem einzelnen Kind und der Peer je nach Situation gezielt Dialogfelder zu eröffnen, die die oben beschriebenen Denkprozesse ermöglichen.

Praxisbeispiel: Sustained Shared Thinking:

Pauline sitzt im Garten der Kita und fragt Erzieher Jan, ob ganz winzige Tiere auch einen Schatten haben.
Jan: „Das ist eine spannende Frage – schön, dass dich das interessiert! Was meinst denn du? Haben ganz kleine Gegenstände irgendwann einmal keinen Schatten mehr?"
Pauline: „Nein, bei ganz kleinen Sachen gibt es keinen Schatten – an denen scheint die Sonne vorbei!"
Jan: „Ah, wenn etwas groß genug ist, wird es von der Sonne angeschienen und hat einen Schatten!"
Pauline: „Die winzigen Tiere sieht die Sonne nicht!"
Jan: „Ich denke, dass jeder Gegenstand, auch wenn er noch so klein ist, einen Schatten hat. Der Schatten von winzigen Gegenständen ist dann vielleicht größer als die Sache selbst!"

Jan würdigt die Frage von Pauline und signalisiert Wertschätzung. Im Dialog erfragt er dann die subjektiven Theorien und Hypothesen des Kindes, paraphrasiert diese und nimmt eine Gegenposition ein. Um den Dialog fortzusetzen, stellt er eigene Vermutungen auf.

Wissen: *Scaffolding*

Beim *Scaffolding* (engl. Scaffold = Gerüst) übernehmen Sie aktiv die Rolle eine:r Gerüstbauer:in. Sie gehen auf die Interessen und Bedürfnisse des Kindes ein, indem Sie es im Sinne der „Zone der nächsten Entwicklung" (Wygotski 1987) auf ein neues Entwicklungsniveau begleiten und ihm zur Unterstützung ein Gerüst baut. Sie helfen dem Kind, Aufgaben, die es anfangs nur in Zusammenarbeit mit Erwachsenen bewältigen kann, zu bearbeiten und weitestgehend selbständig zu lösen. Zum *Scaffolding* gehört auch, Kinder darin zu unterstützen, Lösungsstrategien auf andere Situationen zu übertragen. Dieses Gerüst ist jedoch kein starres Gebilde. Auch hier gilt der Blick auf die individuelle Entwicklung des Kindes: Ist eine Aufgabe für das Kind neu und nicht selbständig bewältigbar, wird es unterstützt – kann das Kind die Aufgabe selbst lösen, wird die Unterstützung – das Gerüst – wieder abgebaut. (Schmitt & Simon, 2020).

Sustained Shared Thinking im Dialog mit Kindern

Ein Lerngerüst bereitstellen
Überlege doch einmal, woran das liegen könnte …
Vielleicht hilft es dir, wenn …?
Wie könnten wir denn weiter vorgehen?
Was könntest du denn tun, damit …?

Fragen stellen – offen, herausfordernd, unterstützend …
Was denkst du, was …
Wodurch passiert denn …?
Woher weißt du …?
Warum denkst du …?
Was wäre passiert, wenn …?
Was könnte denn danach passieren?
(Achtung: Nicht Wissen abfragen! Das Kind darf falsche Hypothesen aufstellen!)

Weiterführung kindlicher Äußerungen
Kind: „Schau mal, meine Schnecke hat Fühler!"
Fachkraft: „Stimmt, deine Schnecke hat zwei große Fühler! An denen sind die Augen der Schnecke …."
K: „Und da sind noch zwei!"
FK: „Ja, insgesamt hat die Schnecke vier Fühler…"

Vermutungen anstellen
Könnte es sein, dass …
Vielleicht ist es …
Ich könnte mir vorstellen …

Peer-Interaktionen anregen
Denkst du ähnlich darüber?
Was sagt ihr denn zur Vermutung von …?

Kognitive Konflikte initiieren, irritieren, hinterfragen …
Glaubst du wirklich, dass …?
Bist du dir sicher …?

Vorschläge machen
Ich hätte eine Idee!
Wie wäre es, wenn …

Auf alternative Sichtweisen hinweisen
Wie würde … das finden/darüber denken?
Könnte es auch so … sein?

Laut denken
Ich denke gerade darüber nach, dass …
Gerade fällt mir ein, dass …

Anregung von Denkprozessen
Wie könnte ich denn nun …?

Metakognitive Prozesse anregen
Woran hast du denn erkannt, dass …?
Wie hast du denn jetzt herausbekommen, dass …?

Die Zusammenarbeit mit der Familie

Ein vertrauensvolles Miteinander

Ein guter Start in die Kindertageseinrichtung beginnt mit einem atmosphärisch entspannten, authentischen und vertrauensförderlichen Kennenlernen auf beiden Seiten. Die Kinder, aber natürlich auch die familialen Bezugspersonen möchten sich einen Eindruck von der Einrichtung verschaffen: Wie sehen die Räume aus? Welches Materialangebot gibt es? Wie sind die pädagogischen Fachkräfte? Wie sieht der Tagesablauf aus? Und auf der anderen Seite fragen Sie sich natürlich auch, welche neuen Kinder und Familien sich angemeldet und einen Platz bekommen haben, welche Besonderheiten die Familien mitbringen und ob man sich vorstellen kann, gut mit der Familie zusammenzuarbeiten. Passen die neuen Familien zu den bisherigen Familien? Zu unserem Konzept?

Auf den nächsten Seiten geht es um den Aufbau einer vertrauensvollen Beziehung zu den Familien der Kinder und welche wichtige Rolle die familialen Bezugspersonen in der Eingewöhnung spielen.

Die Zusammenarbeit mit der Familie

Die Rolle der familialen Bezugspersonen im Eingewöhnungsprozess

Die Eingewöhnung wird pro Kind von einer familialen Bezugsperson begleitet. Es ist wichtig, dass es sich um eine Person handelt, zu der das Kind eine gute Bindungsbeziehung hat. Selbstverständlich können die Bezugspersonen wechseln, z. B. kann die Eingewöhnung ein paar Tage von der Mutter und die weiteren vom Vater bzw. einer weiteren vertrauten Person begleitet werden. Die Anzahl der Bezugspersonen sollte vor allem für das Kind in einem überschaubaren Rahmen liegen und sich auf zwei bis drei Personen während der ersten beiden Wochen beschränken. Aus gruppendynamischer Sicht verändern neu hinzukommende Personen nicht nur die Kinder-Peer sondern auch die Bezugspersonen-Peer. Auch das Eingewöhnungstandem muss sich auf alle neuen Bezugspersonen einstellen, was Absprachen und Reflexionsgespräche erschweren kann.

Entscheidend ist hier auch, in welcher Phase der Eingewöhnung neue Bezugspersonen den Kreis der Beteiligten erweitern und in welcher Beziehung diese zum Kind stehen. In der Praxis hat sich gezeigt, dass dies von außen schwer einschätzbar ist. Es gab bereits Eingewöhnungen, bei denen der Wechsel der Bezugspersonen für das Kind eine Erleichterung dargestellt hat. Nicht immer bestehen die besten Beziehungen zwischen Personen, die sich aus biologischer Sicht nahestehen, wie z. B. mit der Mutter oder dem Vater, sondern mit Menschen, mit denen das Kind aus qualitativer Sicht sichere und entspannte Beziehungserfahrungen gemacht hat.

Keine Randfiguren, sondern aktiv dabei

Die familialen Bezugspersonen nehmen in den ersten Tagen *aktiv* am Geschehen teil und ziehen sich je nach Situation und Bedürfnislage des Kindes zunehmend aus dem Spiel und auf die ihnen zugewiesenen Sitzgelegenheiten zurück. Den Kindern wird so die Möglichkeit gegeben, frei zu explorieren, und den Fachkräften bleibt ausreichend Raum, sich den Kindern als Spielpartner:innen anzubieten und eine Beziehung aufzubauen.

Aktiv bedeutet, dass sich die Bezugspersonen entsprechend den Bedürfnissen der Kinder an deren Spiel, an Peer- und/oder Fachkraft-Kind-Interaktionen etc. beteiligen. Es ist wichtig, dass sich die familialen Bezugspersonen für die Kinder in greifbarer Nähe und auf Augenhöhe befinden. Empfehlenswert sind hier z. B. niedrige Sitzpoufs, die den Bezugspersonen einerseits ihren angedachten Platz zuweisen und andererseits mit Blick auf die Kinder gut erreichbar und flexibel einsetzbar sind. Die Platzierung der Bezugspersonen auf Erwachsenenstühlen würde der grundlegenden Idee eines behutsamen, bedürfnisorientierten und vertrauensvollen, von Familien, Fachkräften und Kindern gemeinsam gestalteten Übergangs widersprechen. So können und dürfen die Kinder jederzeit zu ihren primären Bezugspersonen zurückkehren, um ‚aufzutanken', sich rückzuversichern und ggf. mit deren Unterstützung für sie interessante Prozesse und Interaktionen weiterbearbeiten

Vertrauen aufbauen

Schlüsselsituationen, wie z. B. das Wickeln, werden in den ersten Tagen noch von den familialen Bezugspersonen übernommen (falls möglich und vom Kind erwünscht in Begleitung einer Fachkraft). Diese Aufgaben werden erst von einer der Fachkräfte übernommen, wenn das Kind über eindeutige Signale oder auch verbale Äußerungen diesem zustimmt.

Begegnen Sie den familialen Bezugspersonen im gesamten Prozess der Eingewöhnung offen, um diese für eine gute, vertrauensvolle Zusammenarbeit zu gewinnen. In der Phase der Eingewöhnung wird der Grundstein gelegt, die Begleitung und Unterstützung der kindlichen Bildungs- und Entwicklungsprozesse der Kinder als gemeinsame Aufgabe zu betrachten.

Reflexion: Fachkraft-Bezugspersonen-Interaktion

- Begegnen Sie den Bezugspersonen zugewandt, interessiert und wertschätzend?
- Beziehen Sie die Bezugspersonen in das Geschehen mit ein?
- Geben Sie den familialen Bezugspersonen regelmäßig kurze Rückmeldungen? Weisen Sie pro-aktiv auf gelingende Situationen hin?
- Nehmen Sie die Ängste, Wünsche, Fragen und Bedürfnisse der Bezugspersonen wahr und greifen sie diese angemessen auf?
- Beachten Sie die Bedeutung und den Schutz der Bindung zwischen Bezugsperson und Kind?
- Ermöglichen Sie die Vernetzung der Bezugspersonen untereinander?
- Schaffen Sie eine angenehme, alltagsnahe Atmosphäre durch eine angemessene Interaktion mit den Kindern und ihren Familien?

Kultursensitive Eingewöhnung

Modelle, die Kinder einzeln eingewöhnen, legen den Schwerpunkt auf den Beziehungsaufbau zwischen Kind und Fachkraft. Die Eingewöhnungsfachkraft hat den Blick auf die Familienkultur des einzelnen Kindes und seine Familie, seine individuellen Verhaltensweisen und Interessen.

Ein gemeinsam gestalteter Übergang mehrerer Kinder bedeutet, unterschiedlichen Familienkulturen zu begegnen und im Prozess möglichst allen gerecht zu werden. Heidi Keller (2019, S. 138) kritisiert in diesem Punkt die Anwendung von Modellen dahingehend, dass man die Kinder hierbei an das Modell anpasst und damit die Unterschiede noch vergrößert: Das Ziel eines Modells ist die Reduzierung von Komplexität gegenüber der Realität und dient der Orientierung und nicht der Abbildung von derselben.

Kennenlernen im geschützten Raum

In der theoretischen Auseinandersetzung, aber vor allem in der pädagogischen Praxis ist es daher wichtig, eine leicht nachvollziehbare Visualisierung als Grundlage zu haben, um diese dann in der jeweiligen Situation pädagogisch kompetent handelnd umsetzen zu können, denn kultursensitives Arbeiten mit Kindern und ihren Familien geschieht nicht über eine Prozessbeschreibung oder ein Modell, sondern über eine pädagogische Grundhaltung. Diese setzt voraus, dass sich Pädagog:innen der Heterogenität von Familien, deren unterschiedlicher Kulturen, sozioökonomischen und soziografischen Hintergründe bewusst sind.

Das Modell der Eingewöhnung in der Peer schafft mit dem Start im separaten Raum, in dem sich die Peers, die familialen Bezugspersonen und das Eingewöhnungstandem gemeinsam aufhalten, die Möglichkeit einer Auseinandersetzung unterschiedlichster Akteur:innen unterschiedlichster Kulturen in einem geschützten Raum. Sowohl die Kinder als auch die Familien-Peer können sich kennenlernen und soziale Erfahrungen sammeln, welche sie dann beim Schritt der teilweisen bzw. kompletten Öffnung in die Gesamtgruppe erweitern.

„Eine Kultursensitive Eingewöhnung muss eine kulturinformierte Eingewöhnung sein" (Keller 2019 S. 139) und bedarf einer guten Vorbereitung und Information durch eine gute Kommunikation mit den Familien im Vorfeld. Es ist hilfreich, wenn die Leitung bzw. das Eingewöhnungstandem sich mit den Familien über grundlegende Themen austauscht.

Wie erziehen Familien? Welcher Erziehungsstil wird praktiziert?

- Was ist den Familien wichtig? Selbständigkeit, Individualität, Selbstbewusstsein des Kindes, Offenheit, Durchsetzungsvermögen
- Wertvorstellungen: Hilfsbereitschaft, Respekt und Toleranz, Mut …
- Bild vom Kind: Vertrauen in die Fähigkeiten des Kindes, Unterstützung und Begleitung der Interessen, das Kind als eigenaktiv und selbständig Lernendes

Praxisfrage: Erschweren Sprachbarrieren den Übergang?

Bedenken Sie ab dem Erstkontakt, an welcher Stelle und in welcher Form Sprachbarrieren abgebaut bzw. minimiert werden können. Dies kann z. B. durch übersetzte Informationsmaterialien, den Einsatz von Dolmetscher:innen, Bildkarten und Piktogramme geschehen. Die Eingewöhnung in der Peer zeigt, dass die Anwesenheit mehrerer Familien oftmals unvermutete Ressourcen bietet. Die familialen Bezugspersonen, welche die Kinder begleiten, können die Fachkräfte hier durch Übersetzungen und Austausch in unterschiedlichsten Sprachen unterstützen.

Festlegung des Aufnahmetermins in der Peer

Die Zusammenarbeit mit den Familien auf struktureller Ebene gestaltet sich im *Tübinger Modell der Eingewöhnung in der Peer* ähnlich einer Einzelgewöhnung – allerdings werden einzelne Formate gleich zu Beginn in der Peer gedacht.

Die Eingewöhnung in der Peer erfordert einen gemeinsamen Aufnahmetermin und schmälert somit die Flexibilität, Wünsche der Familien zu berücksichtigen bzw. den Beginn der Eingewöhnung kurzfristig zu verschieben. Die Kita legt den Termin für die Familien verpflichtend fest und setzt die Familien darüber auf der Basis der fachlichen Begründung der Eingewöhnung in der Peer in Kenntnis.

Mit Blick auf die Organisation Kita wirkt dies auf den ersten Blick sehr bürokratisch, spricht aber für eine aus fachlicher und struktureller Sicht professionell geführte Institution: Abläufe und Prozesse in Kindertageseinrichtungen sind nicht willkürlich, sondern fachlich begründet – Leitung und Fachkräfte verantworten und koordinieren den pädagogischen Alltag bewusst, professionell und auf der Basis wissenschaftlicher Erkenntnisse.

Praxisfrage: Was tun, wenn Familien Urlaube geplant haben?

Es ist wichtig, dass der Aufnahmetermin der Peer in Absprache mit dem Träger und von der Leitung für die Familien verbindlich ist. Bedingung für die Einhaltung ist eine rechtzeitige, niederschwellige und vor allem weitreichende Kommunikation, wie z.B. in der Konzeption, der Homepage, Info-Material etc. Mit der Platzzusage muss für die Familien transparent sein, dass der mitgeteilte Aufnahmetermin verbindlich und nicht verhandelbar ist. Eine stufenweise Aufnahme der Peers würde der fachlichen Begründung des Modells widersprechen.

Das Aufnahmegespräch

Der erste Eindruck zählt und ist meist entscheidend für die weitere vertrauensvolle und respektvolle Zusammenarbeit zwischen Familie und Kindertageseinrichtung. Es lohnt sich, sich bewusst auf die neuen Familien einzustellen, diese willkommen zu heißen und deren Interessen und Bedürfnisse wahr- und ernst zu nehmen. Sollten sprachliche Barrieren bekannt sein, ist es sinnvoll, eine:n Dolmetscher:in hinzuziehen.

Eltern rechtzeitig informieren

Das erste Gespräch führt in der Regel die Leitung mit den neuen Familien, da es hier neben konzeptionellen Themen meist auch noch formale Dinge zu klären gibt. Es ist wichtig, die Familien im Erstkontakt über das bestehende Eingewöhnungskonzept zu informieren. Die Familien können sich dann direkt nach der Platzzusage darauf einstellen, dass es einen von der Einrichtung festgelegten Aufnahmetermin geben wird und sie sich zwei bis vier Wochen einplanen sollten, um den Übergang ihres Kindes zu begleiten.

In der Praxis handhaben Einrichtungen die Angabe dieses Zeitraums sehr unterschiedlich. Die Erkenntnisse aus den Forschungsprojekten haben gezeigt, dass sich fast alle Kinder in den ersten zwei Wochen von ihren Bezugspersonen verabschieden können und eine Beziehung zu einer bzw. beiden Fachkräften und zu einzelnen/allen Peers aufgebaut haben. Wichtig ist dennoch, dass die Bezugspersonen bei auftretenden Krisen, die sich auch im Anschluss an die ersten Wochen zeigen können, erreichbar sind und das Kind ggf. in der Kita begleiten können, bis es sich wieder so sicher fühlt, um ohne familiale Bezugsperson den Alltag bewältigen zu können.

Jede Familie ist individuell

Diese Anforderung muss mit einem sensiblen und differenzierten Blick auf die Lebenssituation der Familien eingefordert werden. Alleinerziehenden Müttern oder Vätern ist es zum Beispiel vielleicht nicht ohne weiteres möglich, sich einen so langen Zeitraum zu nehmen, da mit dem Start in die Krippe bzw. Kita oftmals der Wiedereinstieg in den Beruf verbunden ist. Hier ist es sinnvoll zu prüfen, welche Personen aus dem nahen Umfeld der Familie zusätzlich eine gute Beziehung zum Kind haben, um die Eingewöhnung weiter zum Wohle des Kindes zu begleiten. Während der Eingewöhnung ist es nicht zwingend erforderlich, dass immer dieselbe Person das Kind begleitet. Kinder sind aus heutiger Sicht in der Lage, zu mehreren Personen eine Bindungsbeziehung aufzubauen. Die Begleitpersonen können nach Absprache mit den Eingewöhnungsfachkräften wechseln, die Anzahl sollte sich dennoch mit Blick auf die Orientierung des Kindes und den Aufbau einer vertrauensvollen Zusammenarbeit mit der Familie in einem überschaubaren Rahmen bewegen.

Informationsveranstaltung in der Peer

Informieren Sie die Familien gemeinsam in der Eltern-Peer bei ersten Informationsveranstaltungen über den Ablauf der Eingewöhnung. Es sind ja nicht nur die Kinder, die gemeinsam in der Peer starten, sondern auch die Bezugspersonen, die das Kind begleiten. Die Familien lernen sich im Peer-Setting kennen und wissen, wer mit ihnen und ihrem Kind gemeinsam in die Kita startet. Die Info-Veranstaltung dient nicht dem Austausch über persönliche Fragen, Anliegen und Bedarfe der einzelnen Familien, sondern dem gegenseitigen Kennenlernen, der Klärung organisatorischer Fragen, einer allgemeinen Information über das Eingewöhnungskonzept und die Dinge, die Kinder beim Start in der Kita benötigen.

Das primäre Ziel der Eingewöhnung in der Peer ist nicht, Familienfreundschaften zu forcieren, aber eine entspannte harmonische Atmosphäre unter den Erwachsenen unterstützt und erleichtert den Übergang der Kinder: Spürt das Kind, dass sich Mama oder Papa in der Eltern-Peer wohlfühlt, fasst es leichter Vertrauen und fühlt sich sicher.

Sollten in naher Zukunft mehrere Peer-Eingewöhnungen geplant sein (z. B. in unterschiedlichen Gruppen), dann können die Familien-Peers zu einer gemeinsamen Informationsveranstaltung eingeladen werden, was zeitliche und personelle Ressourcen der Kindertageseinrichtung bündelt.

Eine gute Atmosphäre gibt Sicherheit

Unterhaltsame Situationen und Gespräche machen die Eingewöhnung auch für die Fachkräfte entspannter, da die Bezugspersonen den Fokus nicht ausschließlich auf ihr Kind lenken bzw. auf die Aktivitäten und Interaktionen der Fachkräfte mit den Kindern. Für das Eingewöhnungstandem ist das oft angenehmer: Die Bezugspersonen sind sehr nah am Geschehen dran und beobachten genau, wie die Fachkräfte mit den Kindern in Interaktion treten. Dies ist aus Elternsicht nachvollziehbar, wollen sie ihr Kind doch gut betreut wissen. Mit dem Eintritt in die Kindertageseinrichtung verlieren die Eltern ein Stück weit den Exklusivitätsanspruch, was die Erziehung ihres Kindes betrifft. Sie sind es, die ihr Kind bislang im Alltag begleitet und mit ihm Dinge erkundet haben – das ändert sich nun.

Bleiben Sie transparent

Die familialen Erwartungen decken sich nicht immer mit den Handlungsweisen professioneller Pädagog:innen. Umso wichtiger ist es, dass Sie sich ausreichend Zeit nehmen, in regelmäßig stattfindenden Gesprächen mit den Familien – im Vorfeld, direkt während der Eingewöhnung und auch in Folgegesprächen – ihr pädagogisches Vorgehen zu erläutern, zu begründen und somit für Transparenz zu sorgen. Lassen Sie bei den Bezugspersonen Irritationen zu und nutzen Sie diese, um mehr über die Erziehungsvorstellungen der Familien zu erfahren und mit ihnen ins Gespräch zu kommen.

Besprechen Sie zum Beispiel Alltagssituationen, in denen Eltern meist anders reagieren als Pädagog:innen: Konflikte unter den Peers, vermeintliche Regelverstöße oder Peer-Interaktionen und die Frage, wann ein Impuls von Erwachsenen sinnvoll oder sogar störend sein könnte. Machen Sie für die Eltern transparent, welche fachlichen Gründe hinter Ihrem Verhalten stehen, und helfen Sie ihnen somit, Vertrauen in Sie zu fassen.

Erklären Sie auch Selbstverständliches

Der erste Tag in der Kita ist für alle aufregend. Diese Aufregung können Sie als Moderator:innen des Prozesses mildern, indem Sie im Rahmen der Informationsveranstaltung den Familien beschreiben, wie sie den Übergang unterstützen können: Wann sollen sie ihr Kind aktiv begleiten? Wann sollen sie sich zurückhalten? Wann lassen sie den Pädagog:innen Raum für Beziehungsaufbau? Wer entscheidet über erste Verabschiedungen? Wie und wann erhalten die Familien Informationen über den weiteren Verlauf?

Manches erscheint Fachkräften als selbstverständlich – Bezugspersonen hilft diese Ausführlichkeit jedoch, sicherer zu werden. Auch das spricht für gemeinsame Veranstaltungen: Ist die Eltern-Peer vertraut miteinander, kann sie sich gegenseitig unterstützen und über Unsicherheiten austauschen.

Praxisfrage: Wie schaffen wir es, dass sich alle Eltern gesehen fühlen?

Achten Sie darauf, mit allen Familien Kontakt aufzunehmen und sie bei allen Formaten gleichwertig wahrzunehmen. In der Praxis ist das nicht immer einfach: temperamentvolle, offene Familien nehmen die Fachkräfte in Beschlag, stellen Fragen und der Kontakt ist schnell hergestellt. Zurückhaltende Eltern oder auch Personen, die vielleicht nicht oder nicht gut deutsch sprechen, halten sich zurück und geraten so schnell aus dem Blick.

Es hilft auch hier, die Informationsveranstaltungen als Tandem anzugehen, da Sie so Ihre Aufmerksamkeit besser aufteilen können, aber auch während der ersten Tage der Eingewöhnung dürfen Sie nicht vergessen, Kinder *und* Eltern zu begrüßen und falls möglich kurz mit jedem ins Gespräch zu gehen.

Das Erstgespräch

Nicht vergessen: Informieren Sie die Bestandskinder!

Die Aufnahme neuer Kinder ist in verschiedenster Hinsicht auch für die bestehende Gruppe spannend. Kinder, die in der Kita bereits angekommen sind, sind neugierig, wer die neuen Kinder sind. Möglicherweise erinnern sie sich an ihre eigene Anfangszeit und hätten Lust „den Kleinen" zu helfen und sie zu begleiten. In den ersten Tagen wird es aber kaum bis keine Berührungspunkte zwischen den neuen und alten Kindern geben. In vielen Kitas bedeutet eine Eingewöhnung in der Peer auch, dass die Bestandskinder eine kurze Zeit auf einen Raum und bestimmte Fachkräfte verzichten müssen. Verpassen Sie es daher also nicht, die Gruppen zu informieren und zu integrieren!

Die Kinder und ihre Familien starten in der Peer, dennoch haben Sie es mit unterschiedlichen Familien mit individuellen Besonderheiten zu tun. Das Eingewöhnungstandem kann die Kinder und ihre Familien auf der Basis eines umfassenden Wissens über die Familienkultur und die individuellen Bedürfnisse des Kindes professionell begleiten und unterstützen. Das individuelle und persönliche Erstgespräch bietet hierfür einen geschützten Rahmen:

- Gibt es Besonderheiten im Alltag des Kindes? Der Familie?
- Welche Routinen und Rituale gibt es?
- Welche Erziehungsvorstellungen praktiziert die Familie?
- Welche Interessen hat das Kind? Was und womit spielt es gerne?
- Wie ist der Umgang mit Alltagssituationen (Essen, Schlafen etc.)?

Gespräche über die familiären Gewohnheiten bieten Ihnen im Gespräch auch direkt die Möglichkeit, erste Einblicke in Ihr pädagogisches Konzept zu geben, da familiäre Gewohnheiten nicht immer den institutionellen entsprechen. So haben die Familien Zeit, sich mit Ihnen darüber auszutauschen und sich darauf einzustellen.

Das Erstgespräch mit dem Tandem

Für die Familien ist es schön, wenn das Eingewöhnungstandem das Gespräch gemeinsam führt. Auf diese Weise ist der Informationsfluss gesichert und es gibt nicht schon im Vorfeld Festlegungen, wer die vermeintliche Bezugsfachkraft des Kindes sein wird. Einrichtungen, die im Vorfeld bereits festgelegt haben, wer Ansprechpartner:in der Familien sein wird, können dies bereits im Erstgespräch zum Tragen kommen lassen.

Sollten wenig zeitliche Ressourcen vorhanden sein, ist es auch möglich, dass eine Eingewöhnungsfachkraft das Erstgespräch allein führt. Wichtig ist, dass es auf alle Fälle ein anderes Format gibt, wo die Familien die Möglichkeit haben, beide Fachkräfte kennenzulernen, und der Informationsfluss im Tandem gesichert ist, da es bei den Gesprächsinhalten im Erstgespräch um die individuellen Besonderheiten und Bedürfnisse des Kindes und seiner Familie geht. Es ist wichtig, den Familien im Vorfeld transparent zu machen, wann, durch wen und in welcher Form während der Eingewöhnung individuelle und auch peerbezogene Absprachen (z. B. zu ersten Trennungen) getroffen werden. Die Fachkräfte entscheiden, welche Gespräche in der Peer, im Anschluss an die Kita-Zeit oder auch telefonisch stattfinden.

Welche Informationen sind notwendig?

Es ist wichtig, dass die Familien über die fachlichen Gründe des Eingewöhnungskonzeptes und die damit einhergehenden Vorteile für die Bildungs- und Entwicklungsprozesse ihres Kindes informiert sind. Für die konkrete Unterstützung des Übergangs sind Infos über den Verlauf, Erwartungen, Rollen, Informationsweitergabe und Reflexionsgespräche unabdingbar.

Praxisfrage: Was machen wir mit Ja-aber-Eltern?

Verunsicherte und kritische Familien erschweren den Start für alle Beteiligten – fragen Sie daher alle „Ja, aber …" der Eltern ab und räumen Sie mögliche Stolpersteine frühzeitig aus dem Weg. Rückmeldungen aus der Praxis zeigen außerdem, dass Familien die Eingewöhnung in der Peer alltagsnaher und lebensweltorientierter empfinden als Einzeleingewöhnungen und eher wenig Bedenken äußern. Selbst Familien, die bereits Kinder einzeln eingewöhnt haben, sind offen für das Modell.

Ein Klassiker unter den geäußerten Bedenken betrifft die Unsicherheit, wer Bezugsperson bzw. Ansprechpartner:in für die Familie sein wird. Manchmal wünschen sich Eltern bestimmte Fachkräfte als Beziehungsperson für ihr Kind und sich selbst. Machen Sie an dieser Stelle zur Nachvollziehbarkeit den Unterschied zwischen einer Beziehungsperson und eine:r Ansprechpartner:in deutlich.

7

Die praktische Umsetzung des Tübinger Modells

Wie der Start in Krippe und Kita gelingt

Ein Aufsteller vor der Kita-Türe, ein Willkommensplakat mit den Fotos der Kinder und ihren Familien und eine herzliche offene Begrüßung durch die Eingewöhnungsfachkräfte und der Leitung erleichtern der Peer – groß wie klein – das Ankommen in Ihrer Kita. So schaffen Sie atmosphärisch das Fundament für einen guten Start in das spannende Abenteuer Kita und eine vertrauensvolle Zusammenarbeit. Doch wie geht es dann weiter? Vom Start der Eingewöhnung bis zur Öffnung in die Gesamtgruppe – das folgende Kapitel nimmt die gesamte Eingewöhnungsdauer Schritt für Schritt in den Blick.

Die praktische Umsetzung des Tübinger Modells

Start der Eingewöhnung (Tag 1–3)

Die Peer startet gemeinsam mit den familialen Bezugspersonen vormittags oder nachmittags, ähnlich einer Einzel-Eingewöhnung für ein bis zwei Stunden. Überlegen Sie, welche Uhrzeit für die Bestandsgruppe, das Team und die neuen Kinder in Ihrer Einrichtung am wenigsten Umbrüche und Veränderungen im pädagogischen Alltag darstellt. Es ist nicht wichtig, dass die Kinder zu den Uhrzeiten starten, zu denen sie im Anschluss an die Eingewöhnung auch beginnen. Bei jungen Kindern muss bei einem Start am Nachmittag lediglich darauf geachtet werden, dass der Beginn nach der Mittagschlafenszeit liegt. Kinder, denen der Mittagsschlaf verwehrt wird oder die aus dem Bett geholt werden, starten eher unmotiviert in die Eingewöhnung.

Der Vorteil einer Eingewöhnung am Nachmittag ist, dass oftmals ein Teil der weiteren Räume leer ist und die Kinder unabhängig von weiteren potenziellen Stressfaktoren, wie z. B. einer großen Anzahl unbekannter Kinder und Fachkräfte, die Einrichtung erkunden können. Ein Eingewöhnungsstart am Nachmittag kann eventuell notwendige Veränderungen im Dienstplan leichter planbar machen.

Die ersten Tage: Beziehung im Mittelpunkt!

In den ersten Tagen steht der Beziehungsaufbau zu den Peers und den Eingewöhnungsfachkräften im Vordergrund und weniger der Tagesablauf und der Gruppenraum. Entscheidend sind die konstanten Bezugspersonen und der gleichbleibende separate Raum. Trennungen sollten hier, vor allem bei sehr jungen Kindern, keine stattfinden, auch wenn die Kinder ab und an den Eindruck erwecken, angekommen und bereits bereit für eine Verabschiedung zu sein.

Die Rolle der Bezugspersonen

Die Bezugspersonen sollten sich während ihrer Anwesenheitszeit aktiv an den Spielinhalten und Interessen der Kinder beteiligen, sofern die Kinder dies signalisieren. Diese aktive Beteiligung muss sich nicht nur auf das eigene Kind beziehen. Im Gegenteil – gemeinsame Aktivitäten schaffen eine alltagsnahe und entspannte Atmosphäre, in der sich alle Beteiligten wohlfühlen. Vor allem muss man beachten, dass die Kinder zu Beginn nicht unterscheiden können, wer von den Erwachsenen eine Fachkraft ist und wer zur Familie der anderen Kinder gehört.

Sollten die Kinder die direkte Begleitung ihrer Bezugspersonen nicht einfordern, bleiben diese auf den für sie bereitgestellten Sitzgelegenheiten sitzen. Bewährt haben sich hier sogenannte Sitzpoufs, da diese zum einen eine Interaktion mit Kindern auf Augenhöhe begünstigen und zum anderen flexibel und vielfältig einsetzbar und beweglich sind. Gruppieren Sie die Sitzgelegenheiten der Bezugspersonen ruhig so, dass Kontaktaufnahmen und Gespräche untereinander praktikabel sind – jede nette, lockere Unterhaltung unter den Erwachsenen schafft eine entspannte Atmosphäre und fördert das Wohlbefinden aller Beteiligten.

Rituale – am Anfang? Am Ende?

Kindertageseinrichtungen arbeiten alle unterschiedlich und praktizieren unterschiedliche Arbeitsweisen, die sich in der methodisch-didaktischen Planung und Ausgestaltung der Eingewöhnungsphase niederschlagen.

Es gibt Kitas, die die neuen Kinder und ihre Familien ab dem ersten Tag mit einem Begrüßungslied willkommen heißen. Die Kinder sitzen mit ihren Bezugspersonen im Kreis und singen mit den Fachkräften z. B. das Lied *Ich bin da und du bist da.* Das pädagogische Ziel der Pädagog:innen ist die Wahrnehmung als Gruppe und das Kennenlernen der Namen von Kindern und Erwachsenen – ein gemeinsamer Start!

Andere Einrichtungen lehnen feste Rituale in den ersten Tagen der Eingewöhnungszeit komplett ab, da sie den Kindern die Zeit geben wollen, im eigenen Tempo anzukommen und selbst zu entscheiden, ob sie erst einmal alles aus einer gewissen Distanz heraus beobachten möchten, Zeit brauchen, um zu ‚sortieren', wer alles da ist, Funktionen und Rollen zu durchschauen: Wer von den Erwachsenen ist Pädagog:in, wer ist Mama oder Papa? Rituale werden hier bewusst weggelassen, um Überforderung bei den Kindern zu vermeiden.

In der Praxis zeigen Kinder unterschiedliche Signale, wenn es um Rituale geht: Fachkräfte, die von ihren Ritualen überzeugt sind, praktizieren diese sehr engagiert und erreichen so auch die Kinder, die dafür offen sind. Manche Kinder entziehen sich aus unterschiedlichsten Gründen Ritualen – das muss ihnen von Seiten der Fachkräfte auch zugestanden werden.

Praxisbeispiel: Das Aramsamsam-Erlebnis

In der Bestandsgruppe war wochenlang „Aramsamsam" der absolute Favorit im Morgenkreis. Während dieser Zeit wurden neue Kinder in der Peer eingewöhnt. „Aramsamsam" wurde von den Fachkräften auch in der Peer als Bewegungslied angeboten und die Eingewöhnungskinder fanden großen Gefallen daran. Als die Peers dann später zur Bestandsgruppe hinzukamen, waren sie voller Freude und Aufmerksamkeit im Morgenkreis dabei.

Praxistipp: Portfolio

Fordern Sie die Familien auf, Bilder des Kindes und der Familie – gerne auch von Großeltern, Urlauben, Haustieren etc. – mitzubringen, um die ersten Seiten des Portfolios zu gestalten. Auf vorbereiteten Seiten können diese eingeklebt werden und bieten gleichzeitig niederschwellige Gesprächsanlässe zwischen Erwachsenen und Kindern.

Was tun, wenn Stille herrscht?

Es ist nicht die primäre Aufgabe der Fachkräfte, die Bezugspersonen zu unterhalten und hier Kontakte zu knüpfen, aber wenn es die Situation der Peer zulässt, kann eine der Fachkräfte die Zeit durchaus nutzen, um mit den Eltern ins Gespräch zu gehen. Anlässe können fachliche, aber auch tagesaktuelle Themen sein. Sie können die Zeit aber auch nutzen, Eltern aus fachlicher Perspektive zu zeigen und zu beschreiben, mit was sich die Kinder gerade auseinandersetzen, welche gruppendynamischen Prozesse sich anbahnen, wie Verhaltensweisen gedeutet werden können usw.

Praxisfrage: Wie reagieren die Kinder auf die familialen Bezugspersonen der anderen Kinder?

Kinder können am ersten Tag nicht sofort unterscheiden, wer die erwachsenen Personen sind, die sich im separaten Raum aufhalten, und in welcher Funktion sie der Eingewöhnung beiwohnen bzw. diese begleiten. Kinder entscheiden für sich, auf wen sie zugehen, wen sie zum Spiel einladen und wen sie ignorieren. Aus diesem Grund ist es wichtig, die familialen Bezugspersonen einzuladen, aktiv am Geschehen teilzuhaben. Die Peers können dann aber sehr schnell die Bezugspersonen den Kindern zuordnen und äußern dies teilweise auch, indem sie z. B. auf bestimmte Personen zeigen und diese zum Beispiel mit *Mama Max* betiteln. Hier wird deutlich, dass die Kinder auf der Basis bis dahin gemachter Erfahrungen bestrebt sind, sich in einer neuen Situation zu orientieren. Schön, wenn Sie es als Fachkraft aufgreifen, sprachlich begleiten und somit alle Beteiligten integrieren.

Erste Trennungen (frühestens ab Tag 4)

Erste kleine Trennungen von den Bezugspersonen finden statt, wenn das einzelne Kind signalisiert, dass es die Fachkräfte als sichere Basis anerkennt und zu einer oder beiden Eingewöhnungsfachkräften eine Beziehung aufgebaut hat. Die Entscheidung, wann eine erste Trennung versucht werden kann, treffen die pädagogischen Fachkräfte individuell für jedes einzelne Kind der Peer basierend auf deren Beobachtungen, frühestens aber in der zweiten Wochenhälfte. Die folgenden Reflexionsfragen helfen Ihnen bei der Einschätzung.

Reflexion: Vor der ersten Trennung

Das einzelne Kind
- Wie verhält sich das Kind?
- Exploriert es?
- Welche Lösungsstrategien zur Bewältigung des Übergangs erkennen Sie?
- Wo braucht das Kind Unterstützung? Von wem?

Die Peer
- Wer interagiert mit wem?
- Welche Gruppendynamiken beobachten Sie?
- Unterstützen sich die Kinder gegenseitig?
- Welche Atmosphäre herrscht in der Peer?

Die Familien
- Zeigen die Bezugspersonen die Bereitschaft, sich von ihrem Kind zu verabschieden?
- Ist die Bezugsperson entspannt oder gestresst? Steht sie unter Druck?
- Welche Gründe verbergen sich hinter dem Wunsch, sich zu verabschieden? Ist es das Vertrauen ins eigene Kind oder sind es eher strukturelle Gründe?
- Wie ist die Wahrnehmung und Rückmeldung der Familie über Rituale, Gewohnheiten, Veränderungen im häuslichen Umfeld?

Das Tandem
- Wie sicher sind Sie in der Deutung der kindlichen Signale?
- Wie gut, denken Sie, das Kind zu kennen?
- Verbale und nonverbale Äußerungen
- Vorlieben in Schlüsselsituationen, wie z. B. dem Wickeln, Essen etc.
- Sind Sie in der Lage, auf die Signale des Kindes reagieren zu können?
- Trauen Sie sich zu, einen ersten Verabschiedungsversuch zu begleiten?
- Wer im Tandem hat die engere Beziehung zum Kind?

Wie organisieren Sie die ersten Trennungen?

Eine Eingewöhnung in der Peer bedeutet nicht, dass alle Kinder gleichzeitig die ersten Trennungsversuche erfahren. Je nachdem, was Ihnen die Kinder signalisieren, starten Sie mit dem Kind, bei dem Sie sich hinsichtlich der oben genannten Aspekte sicher sind. In der Regel zeigt Ihnen dann das Verhalten der anderen Peers, ob diese ebenfalls bereit sind. Auch hier gibt es keine Gebrauchsanweisung, da jede Peergroup ihre eigenen Dynamiken entwickelt.

Es gibt Kinder, die bei der Beobachtung des Verabschiedungsrituals fragend und souverän zu ihrer Bezugsperson blicken: „Und du? Gehst du jetzt auch?“ In dieser Situation können Sie direkt eine weitere Verabschiedung initiieren. In anderen Kindern ruft die Trennung eines Peers von seiner Bezugsperson gegenteilige Reaktionen hervor und die Verabschiedung verzögert sich, obwohl man das Kind als ebenso sicher eingeschätzt hat.

Keine Trennungen nach Wochenenden

Die ersten Verabschiedungen sollten nicht an einem Montag stattfinden, da es für die Kinder nach dem Wochenende wichtig ist, sich in der Kita wieder neu zu orientieren. Dieses Phänomen lässt sich das ganze Jahr über im Kita-Alltag feststellen – je nachdem welche Eindrücke und Erfahrungen Kinder vom Wochenende verarbeiten müssen – und so sollte es in der Eingewöhnungszeit umso mehr Berücksichtigung finden.

Gehen Sie die Trennungen gelassen und entspannt an und planen Sie ausreichend Zeit für das einzelne Kind ein. Wenn weitere Kinder Ihnen in dieser Situation signalisieren: „Ich kann das auch, ich möchte mich auch verabschieden“, schließen Sie diese gleich mit ein. Wenn Sie für einen Tag mehrere im Vorfeld geplant haben, ist es ratsam, ausreichend Zeit zwischen den Verabschiedungen einzuplanen.

Machen Sie sich keinen Druck!

Lassen Sie sich nicht von den Erwartungen anderer unter Druck setzen und vertrauen Sie auf Ihr professionelles Selbstverständnis. Wenn das Kind den Übergang bewältigen kann und will, wird die Verabschiedung gelingen. Und auch wenn das Kind verstärkt Bindungsverhalten zeigt und sich nicht von Ihnen trösten lässt, besteht auf keiner Seite Grund zur Sorge. Weder das Kind noch Sie haben versagt. Der Zeitpunkt war vielleicht zu früh und die emotionale Kompetenz des Kindes und/oder die Qualität der Beziehung zu den Peers und Fachkräften waren noch nicht sicher genug. Entscheidend ist der sensitive Blick auf das Kind und nicht auf den Zeitplan. Es gibt Kinder, die schaffen am ersten Tag nur wenige Minuten ohne die vertraute Bezugsperson, andere Kinder sind bereits sicher gelandet und bewältigen die restliche Anwesenheitszeit bis zum Ende des Kita-Aufenthalts. Sollte sich ein Kind nicht trösten lassen, ist es wichtig für das Kind und den weiteren Verlauf, dass Sie die Bezugspersonen zurückholen. Diese Gewissheit brauchen beide –

Praxisfrage: Was mache ich, wenn mir die Bezugspersonen das Kind einfach in die Arme drücken?

In vielen Familien ist es alltäglich, dass Kinder ungefragt auf den Arm genommen, mit einem Kuss verabschiedet oder auch von Erwachsenem zu Erwachsenem weitergereicht werden. Weisen Sie in diesen Fällen die Familien sachlich und empathisch darauf hin, dass es das Kind ist, das aktiv Beziehungen eingeht, Trennungen bewältigt und über Körperkontakt entscheidet, beschreiben Sie, wie es dem Kind in der Situation geht, und begründen Sie Ihr Handeln. Es ist wichtig, Familienkulturen wahrzunehmen und zu respektieren, aber Sie sind es, die den Prozess moderieren und über Vorgehensweisen entscheiden.

Kind und Bezugsperson – um den Übergang vertrauensvoll und positiv zu begehen.

Wie ist der Ablauf?

Wichtig ist, dass Sie vor und während des Prozesses mit den Familien im Gespräch sind und Ihre Vorgehensweise transparent machen. Klären Sie mit den Familien, wie Sie im Alltag Abschiede vollziehen, welche Rituale sie pflegen und wie sie damit umgehen, wenn Verabschiedungen schwerfallen. Sie brauchen hierbei Ihre professionelle Unterstützung und Begleitung und sind dankbar für Tipps und Empfehlungen. Mit einem positiven, wertschätzenden Blick auf das Recht des Kindes, dieses Lebensereignis aktiv zu bewältigen, kann die Trennung ohne Druck und im eigenen Tempo des Kindes moderiert und begleitet werden. Eine tägliche Rückmeldung zum Verlauf und Verhalten des Kindes, wenn die Bezugspersonen zurückkommen, ist selbstverständlich – bitte beachten Sie hierbei den Datenschutz und achten Sie darauf, dass bei persönlichen Themen andere Eltern nicht zuhören.

Wo halten sich die Bezugspersonen während der ersten Trennungen auf?

Überlegen Sie, wo in der Einrichtung ein geeigneter und möglichst angenehmer Ort ist, an dem sich die Bezugspersonen während der ersten Trennungen aufhalten können. Dieser Platz kann ein Elterncafé, ein Besprechungsraum oder auch ein extra für diese Zeit gestalteter Platz sein. Er sollte vom separaten Raum aus schnell erreichbar, aber nicht direkt einsehbar sein. In der Eltern-Peer können sich die Bezugspersonen gegenseitig bei Unsicherheiten und Sorgen wegen der Trennung unterstützen und stärken.

Das Ende des Kita-Tags

Die ersten Trennungen finden eher in der zweiten Hälfte der Anwesenheitszeit der Kinder statt und die Rückkehr der Bezugspersonen bedeutet in der Regel das Ende des Kita-Tages. Für die Kinder ist dies wesentlich leichter zu verstehen, wenn die Fachkräfte mit den Kindern zu den Bezugspersonen gehen und diese nicht in den separaten Raum zurückkehren. Zum einen beginnen die Kinder nicht erneut zu spielen und zum anderen wird die Türe des separaten Raums nicht bei jeder künftigen Öffnung mit der Rückkehr der Bezugspersonen besetzt.

Die Kreise werden größer

In der zweiten Woche können die Kinder ihren Aktionsradius entsprechend ihrer Bedürfnisse in die umliegenden Räume oder zu einzelnen Kindergruppen erweitern. Je nachdem, wie viele Kinder sich wann von ihren Bezugspersonen lösen und auf Entdeckungsreise gehen, entscheiden die Fachkräfte, ob dies nur für kurze Momente oder einen längeren Zeitraum praktikabel ist.

Praxisfrage: Was mache ich, wenn zwei Kinder gleichzeitig weinen?

Emotionale Krisen von Kindern sind nicht planbar und so kann es durchaus passieren, dass zwei Kinder bei der Verabschiedung weinen oder sich gegenseitig anstecken, weil sie mitleiden. Sie versuchen die Kinder zu trösten und ihnen zu helfen, die Krise zu bewältigen. Je nachdem, zu wem die Kinder eine Beziehung aufgebaut haben, trösten beide Fachkräfte jeweils ein Kind oder eine kümmert sich um beide Kinder oder die Peers unterstützen sich gegenseitig.

Horrorszenarien, dass in der Praxis alle Kinder nach den ersten Verabschiedungen gleichzeitig weinen, zeigen sich in den Evaluationen und Coachings nicht – meist existieren diese im Vorfeld in den Köpfen der Fachkräfte und weisen auf deren Ängste hin. Nehmen Sie diese ernst! Es ist besser, diese vorher gemeinsam reflektiert zu haben, als mit Sorge in die Peer-Eingewöhnung zu starten.

Praxisfrage: Was, wenn Kinder nicht miteinander können?

Peers, die kein Interesse füreinander zeigen, haben hierfür unterschiedliche Gründe: Unterschiedliche Bildungsinteressen, divergierende Entwicklungsstände, unterschiedliche Temperamente oder schlicht und ergreifend ein Empfinden von Antipathie.

Professionelle Unterstützung von Peer-Interaktionen durch Impulse können helfen, dass Kinder gemeinsame Spielinhalte finden. Akzeptieren Sie aber auch, dass es Peergroups gibt, in denen nicht alle Kinder miteinander ins Spiel kommen, oder dass es Kinder gibt, die alleine spielen und zufrieden ihre Interessen bearbeiten.

Herausfordernde, temperamentvolle Kinder oder auch introvertierte und hochsensible Kinder haben ein Recht auf individuelle Begleitung und Unterstützung. Über eine Trennung der Start-Peer sollten Sie nur nachdenken, wenn Peers sich gegenseitig verängstigen oder gefährden und die Eingewöhnung dadurch verzögert oder verhindert wird.

Teilweise Öffnung

Das Modell sieht vor, in der zweiten Woche eine teilweise Öffnung des separaten Raumes gezielt anzugehen. Die Peer beginnt montags im separaten Raum und mit Blick auf die Trennungen und die Bedürfnisse der Kinder streben Sie zur Wochenmitte eine räumliche und personelle Erweiterung an. Je nach Einrichtung kann dies ein weiterer Raum, der Außenspielbereich, ein Hinzuholen anderer Kinder oder auch bereits die Bestandsgruppe sein. Das Eingewöhnungstandem begleitet die Peer und unterstützt bei Bedarf. In der Regel haben sich zu diesem Zeitpunkt bereits alle Peers von ihren Bezugspersonen verabschiedet. Sollte dies bei einzelnen Kindern noch nicht der Fall sein, gehen die Bezugspersonen selbstverständlich mit. Der separate Raum bleibt als Rückzugsort erhalten.

Praxisfrage: Was ist, wenn drei Kinder rauswollen und ein Kind nicht?

Das individuelle Bedürfnis der Kinder und der Zeitpunkt zählen! Wenn drei Kinder neugierig auf das Geschehen außerhalb des separaten Raumes sind, dann begleitet eine Eingewöhnungsfachkraft die Kinder und dreht eine kleine Runde. Das Kind, das nicht möchte, bleibt da. Stellt sich die Frage zum Zeitpunkt der teilweisen bzw. kompletten Öffnung, müssen Sie reflektieren, warum das eine Kind den separaten Raum nicht verlassen möchte, und situativ entscheiden.

Integration in die Gesamtgruppe

Ab der dritten Woche ist eine Integration in die Gesamtgruppe geplant. Je nachdem, ob die Einrichtung offen oder mit geschlossenen Gruppen arbeitet, startet die Peer im Gruppenraum bzw. in den Funktionsräumen und nicht mehr im separaten Raum. Der separate Raum bleibt der Peer (falls möglich) ab der dritten Woche noch für Essenssituationen oder z. B., wenn Kinder müde sind, als Rückzugsraum erhalten.

Die Anwesenheitszeit der Kinder und die Abwesenheitszeit der Bezugspersonen wurde mittlerweile erweitert. Die Peer sollte ausreichend Zeit und Unterstützung von Seiten des Eingewöhnungstandems erhalten, um sich in den neuen Räumen und in der Gruppe der Bestandskinder zu orientieren und an Sicherheit zu gewinnen. Auch hier reagieren Kinder unterschiedlich: manche Peers sind neugierig auf die anderen Kinder und Räume und lösen sich aufgrund des interessanten Umfelds schnell von den Eingewöhnungsfachkräften, andere zeigen sich zurückhaltender und aus einer beobachtenden Perspektive. Beim Übergang in die Gesamtgruppe orientieren sich die Kinder an der Peer oder an einzelnen Kindern der Peer – je nachdem, wie intensiv sich die Beziehungen untereinander in den ersten Tagen entwickelt haben und inwieweit sich die Kinder gegenseitig unterstützen und motivieren.

Interaktion mit den Bestandskindern

Das Eingewöhnungstandem steht den Kindern zur Seite, unterstützt sie durch Nähe und Präsenz und gibt dem Kind/den Kindern entsprechende Spielimpulse. Interaktionen mit Bestandskindern werden initiiert bzw. unterstützt.

Die Bestandskinder sind über die neuen Kinder informiert und neugierig. Manche zeigen sich aus der Warte der Erfahrenen helfend und unterstützend und nehmen die neuen Kinder an die Hand, andere sehen sie als interessante neue Spielpartner:innen und schließen sie nahezu selbstverständlich in das aktuelle Spielgeschehen mit ein. Entscheidend sind hier die Spielinhalte und Bildungsinteressen der Kinder und weniger der Status.

Die Eingewöhnungsfachkräfte stehen nun wieder allen zur Verfügung

In der ersten Zeit in der Gesamtgruppe haben Sie die neuen Kinder im Blick, da Sie ihre Bedürfnisse und Interessen am besten kennen. In Krisensituationen sollten Sie als sichere Basis greifbar sein und die Peers begleiten. Selbstverständlich konzentrieren Sie sich in dieser Zeit aber nicht mehr ausschließlich auf die neuen Kinder, sondern stehen der Gesamtgruppe und im pädagogischen Alltag zur Verfügung.

Ab dieser Phase wird der Kita-Alltag der neuen Kinder nach und nach um weitere Schlüsselsituationen, wie z. B. das Mittagessen, Ruhe- bzw. Schlafphasen und geplante Lernsituationen, erweitert. Die sogenannten Mikrotransitionen werden weiterhin von den Eingewöhnungsfachkräften begleitet. Die Praxis zeigt hier oftmals, dass sich die Kinder im Anschluss an die Eingewöhnungsphase auch an anderen Fachkräften orientieren und sich selbst ihre Bezugsperson aussuchen, was der aktiven Beteiligung der Kinder im Rahmen einer partizipativen Didaktik entspricht.

Praxisfrage: Wie gestalten wir die Peer-Eingewöhnung mit Stammgruppen im offenen Konzept?

Es ist von großem Vorteil, was die Implementierung der Eingewöhnung in der Peer betrifft, wenn Sie im offenen Konzept arbeiten, da die Überlegung, wer eingewöhnt und für die Peer auch hinterher präsent ist, wegfällt.

Kitas, die offen arbeiten, arbeiten oftmals im Tagesablauf mit Stammgruppen. In diesen Phasen sollten Sie der Peer im Sinne einer partizipatorischen Pädagogik die Wahl zwischen Inhalt und Beziehung ermöglichen: Entweder die Eingewöhnungsfachkräfte leiten auch die Stammgruppe oder die Peer hat im Anschluss an die Öffnung das Recht zu entscheiden, ob sie sich in der Stammgruppe oder bei der Fachkraft bzw. im Raum ihrer Wahl aufhalten möchten.

Wann ist die Eingewöhnung abgeschlossen?

Wenn die erste Zeit entsprechend den Bedürfnissen der Kinder begleitet wurde und die Verabschiedungen von Seiten des Kindes emotional gut bewältigt wurden, stellt der Wechsel in die bestehende(n) Gruppe(n) kein Problem dar. Im Gegenteil – Kinder sind neugierig und motiviert und wollen die gesamte Kita entdecken und andere Kinder kennenlernen. Die erste Eingewöhnungsphase gilt als abgeschlossen, wenn alle Kinder der Peer zu einer oder beiden Eingewöhnungsfachkräften eine Beziehung aufgebaut haben und sich von ihren Bezugspersonen lösen können.

Endgültig eingewöhnt sind die Kinder allerdings erst, wenn sie mit den Räumen, dem Tagesablauf und den Ritualen der Gesamtgruppe vertraut sind und über die gesamte Betreuungszeit, inklusive der Schlüsselsituationen, wie z. B. des Mittagessens und des Schlafens, im Alltag angekommen sind. Dies kann in der gesamten Peergroup oder zunächst nur für einzelne Kinder der Fall sein.

Der Abschluss der Eingewöhnungsphase lässt sich zeitlich nicht festlegen

Auch wenn die Kinder in der Peer gemeinsam starten, gestaltet sich die Bewältigung des Übergangs individuell verschieden und kleine Krisen und Rückschritte sind möglich und legitim. Beachtet werden muss, dass horizontale Transitionen, wie das Ankommen und Abholen, oder auch Mikrotransitionen, wie das Mittagessen, die Garderobensituation oder ein Raumwechsel, von allen Kindern in der Kita tagtäglich bewältigt werden müssen. Alle Kinder benötigen hier eine feinfühlige Begleitung und ausreichend Zeit, diese Veränderungen zu bearbeiten. Je nachdem, wie Einrichtungen entsprechend ihren institutionellen Ressourcen die Eingewöhnung in der Peer konzipieren, kann nach frühestens vier bis sechs Wochen die nächste Peer starten.

Die Peers werden von Tag zu Tag souveräner und kompetenter in der Einschätzung und Bewältigung unterschiedlichster Situationen. Sie erfahren viele positive Interaktionen und Aktivitäten mit anderen Kindern und den Pädagog:innen und auch Krisen und Stolpersteine können mit der Unterstützung anderer Kinder und den Fachkräften bearbeitet werden. Das Vertrauen in die Kita und sich selbst wächst und die neue Lebenswelt Kita wird zu einem festen Bestandteil im Alltag der Kinder.

Alle Kinder sollten von den Pädagog:innen individuell wahrgenommen, unterstützt und begleitet werden und so bedeutet der Abschluss der Eingewöhnungszeit eher einen Statuswechsel vom neuen Kind zu einem Teil der Gesamtgruppe.

7 Hinweise eines gelungenen Übergangs

Die Eingewöhnung ist abgeschlossen, wenn die Kinder (Niesel, 2010) …

1. **explorieren** und sich auch in Trennungsphasen für andere Kinder, Materialien und Lernsituationen interessieren
2. sich **wohlfühlen**, positive Emotionen zeigen, lachen, sich im Raum bewegen und zunehmend selbständiger werden
3. eine **höhere Frustrationstoleranz** zeigen, indem sie länger warten können, bis ihre Bedürfnisse befriedigt werden
4. aktiv **Ihre Nähe suchen**, wenn sie emotional gestresst sind, Hilfe und Trost benötigen
5. es verkraften, wenn eine/beide Eingewöhnungsfachkräfte kurz den Raum verlassen
6. einverstanden und entspannt sind, wenn Sie **Schlüsselsituationen**, wie z. B. das Wickeln oder Füttern übernehmen
7. sich in sogenannten **Mikrotransitionen** im Alltag leicht zurechtfinden

Praxisfrage: Was ist, wenn Kinder während der Peer-Eingewöhnung krank werden?

Krankheits- und Fehltage von Kindern gehören vor allem in der Anfangszeit zum Alltag einer Kita. Im Ablauf der Eingewöhnung in der Peer kann der Umgang mit der Krankheit von Kindern nicht pauschal beantwortet werden. Die Entscheidung, wie weiter verfahren wird, ist abhängig vom Zeitpunkt und der Dauer der Erkrankung, was beides weder planbar noch vorhersehbar ist.

Die Peer-Eingewöhnung mit den gesunden Kindern wird nicht unterbrochen und die anwesenden Kinder absolvieren die Eingewöhnungsphase weiter wie geplant. Je nachdem wie lange ein Kind krank ist und mit Blick auf seine individuellen Bedürfnisse, kommt es in den ersten beiden Wochen wieder in die Peer dazu. Möglicherweise hat bei den anderen Kindern die erste Verabschiedung schon stattgefunden und/oder die Kinder haben bereits weitere Räume erkundet, was überhaupt nicht schlimm ist. Die familiale Bezugsperson bleibt dabei und eine der Eingewöhnungsfachkräfte übernimmt in diesem Moment die intensivere Begleitung des Kindes und absolviert gleichermaßen den Beziehungsaufbau, die Unterstützung der Peer-Interaktionen bis zur ersten Verabschiedung. Die anderen Peers sind schon ein paar Schritte weiter und werden hauptsächlich von der zweiten Eingewöhnungsfachkraft begleitet.
Sollte das kranke Kind erst nach der teilweisen bzw. kompletten Öffnungsphase genesen, wird die Eingewöhnung im Sinne einer Einzeleingewöhnung in der Bestandsgruppe fortgesetzt.

Der Übergang von der Krippe in die Kita

In Einrichtungen, die sowohl Krippen- als auch Kita-Gruppen haben, erfolgt der Übergang von der Krippe in die Kita möglichst auch in der Peer. Einrichtungen, die bereits länger mit der Eingewöhnung in der Peer arbeiten, praktizieren dies dann im Rahmen der Start-Peer. Die Kinder haben bereits beim Start in die Krippe Erfahrungen in der gemeinsamen Übergangsbewältigung gemacht und profitieren davon beim nächsten Mal erneut.

Kinder, die gemeinsam in der Peer starten, suchen sich im Kita-Alltag immer wieder. Die Intensität dieser Beziehungen variiert und besteht nicht zu allen Peers gleichermaßen, aber es lässt sich eine nachhaltige Vertraut- und Verbundenheit beobachten. Der einzige Unterschied bei diesem Übergang besteht darin, dass die Kinder nicht von ihren familialen Bezugspersonen begleitet werden, sondern von den Pädagog:innen aus der Krippe (beim Wechsel in eine andere Einrichtung, wird das Kind natürlich von der Familie begleitet). In der Praxis gibt es hierfür einrichtungsinterne Übergangskonzepte, die nicht nur den Übergang der Kinder-Peer, sondern auch den der Familien berücksichtigen. Die Zusammenarbeit mit den Familien und die Transparenz hinsichtlich der pädagogischen Arbeit im Unterschied zur Krippe sollten durch Informationsveranstaltungen, Hospitationen, Schnuppernachmittage etc. gewährleistet werden.

Praxisbeispiel: Pauline, Theo, Timm und Lina wechseln in die Kita

Das Kinderhaus Schillerstraße arbeitet seit einigen Jahren mit dem *Tübinger Modell der Eingewöhnung in der Peer*. In der Regel starten die Kinder gemeinsam in der Krippe und wechseln dann in den Ü3-Bereich. Pauline, Theo, Timm und Lina wurden mit ca. einem Jahr in der Peer eingewöhnt und in genau dieser Konstellation wechseln Sie mit 3 Jahren in die Kita, um auch hier von der Sicherheit der Peer zu profitieren. Das Haus ist ihnen vertraut und vorbereitend besuchen sie in den Wochen vor dem Übergang zusammen mit einer Fachkraft des Tandems die anderen Gruppen und nehmen immer wieder für kurze Phasen am pädagogischen Alltag teil.

Der tatsächliche Übergang verläuft dann entsprechend der ersten Eingewöhnung, nur ohne die Begleitung der familialen Bezugspersonen. Die Fachkräfte aus der Krippe sind am Anfang dabei und unterstützen die Vier bei einem schrittweisen Bekanntmachen von Abläufen, Räumen und Materialien – bei Bedarf können die Kinder auch Übergangsobjekte aus der Krippe mit in die Kita nehmen. Der Zeitpunkt, wann sich die Krippenfachkräfte verabschieden und der Übergang in die Kita gelungen ist, entscheidet sich auch hier an den individuellen Bedürfnissen der Kinder.

Die Familien werden frühzeitig über den anstehenden Übergang informiert und die Abläufe sind transparent. Während des Übergangprozesses in die Kita-Gruppe finden regelmäßige Gespräche über den neuen Alltag, Reaktionen und Verhaltensweisen statt und die Eltern berichten über etwaige Veränderungen, die sich zuhause zeigen.

7

Reflexion und Dokumentation

Reflexion im Tandem

Die gemeinsame Reflexion des Eingewöhnungstandems findet entweder direkt im Anschluss an die Anwesenheitszeit der Kinder und ihrer Bezugspersonen oder in der Verfügungszeit statt. Dies ist einrichtungsintern zu klären. Je nachdem, ob die Fachkräfte im Anschluss direkt in den pädagogischen Alltag eingebunden sind. Die Dauer der Reflexionsgespräche variiert entsprechend dem Verlauf der Eingewöhnung.

Das Eingewöhnungstandem reflektiert täglich, selbstkritisch und zeitnah den Verlauf der Eingewöhnung mit Blick auf:

- das einzelne Kind,
- die Peer,
- Peer-Interaktionen und Peer-Beziehungen,
- Familie, Bezugsperson,
- die einzelne Eingewöhnungsfachkraft, das Tandem und das Gesamtteam,
- die räumlichen Bedingungen,
- die Materialauswahl,
- notwendige Veränderungen struktureller und fachlicher Art,
- Vereinbarungen mit der Familie,
- Absprachen zur Alltagsgestaltung (z. B. wer übernimmt am nächsten Tag den ersten Trennungsversuch mit welchem Kind?).

Praxisfrage: Wie sollen wir stundenlange Reflexionsgespräche im Alltag unterbringen?

Entscheiden Sie als Einrichtung, wann die Reflexion stattfinden kann. Oftmals reichen hierfür wenige Minuten und für längere Gespräche können die Eingewöhnungsfachkräfte ihre Verfügungszeit nutzen. Auf diese Weise fehlt das Tandem nur für die Zeit der Anwesenheit der neuen Kinder und die kurzen Rückmeldegespräche mit den Familien. Die Fachkräfte können somit direkt im Anschluss an die Peer-Eingewöhnung (sofern diese nicht außerhalb der Vormittage/Öffnungszeiten stattfindet) wieder in der Bestandsgruppe/im pädagogischen Alltag eingeplant werden.

Dokumentation des Übergangs

Eine gute und fundierte Dokumentation des Eingewöhnungsverlaufs erleichtert die Reflexion und Analyse des Prozesses. Sie ist hilfreich für die Zusammenarbeit im Team und sichert somit den Info-Fluss in das gesamte Team. Die Eingewöhnungsprotokolle und digitale Formen der Dokumentation sind wichtige Instrumente für eine vertrauensvolle und gesicherte Zusammenarbeit mit den Familien.

In der Regel nutzen Einrichtungen folgende Dokumentationsformen:

Dokumentation: 4 praxiserprobte Methoden

Aufnahmebögen

- einrichtungsintern (persönliche Informationen der Familie und des Kindes, Hintergrundinformationen etc.)
- Trägervorgaben (Dokumentation formaler Art)

Eingewöhnungsprotokolle für Fachkräfte und Familien

Eingewöhnungsfachkräfte und Familien führen über den Zeitraum von zwei bis drei Wochen vorstrukturierte Eingewöhnungsprotokolle, die Fragen zum Verlauf zu positiven und kritischen Situationen und zum Fachkraft-Kind- bzw. Bezugspersonen-Kind-Verhalten beinhalten.
Diese Protokolle sind eine hilfreiche Grundlage für erste Reflexions- und Entwicklungsgespräche mit den Familien. Der Blick der Familien unterscheidet sich meist deutlich von dem der Fachkräfte, was für alle Beteiligten spannend ist. Nutzen Sie dies, um einen guten Gesprächsanlass und eine differenzierte Ausgangssituation für eine transparente und vertrauensvolle Zusammenarbeit zu schaffen.

Fotos und Videos

- digitale Protokolle als Möglichkeit, Familien einen Einblick in die Eingewöhnungssituation zu ermöglichen
- Fotos im Portfolio des Kindes zur Dokumentation seiner Bildungs- und Entwicklungsprozesse ab dem ersten Tag
- Videosequenzen zur differenzierten Reflexion der Eingewöhnungssituation für die pädagogischen Fachkräfte (pädagogisches Handeln, Peer-Interaktionen, Bindungsverhalten Kind-Bezugsperson, Verhalten der Bezugspersonen etc.)

Evaluationsbögen, Fragebögen für Fachkräfte und Familien

- in wissenschaftlich begleiteten Prozessen
- zur Weiterentwicklung des einrichtungsinternen Eingewöhnungskonzeptes

Anhang

- ☑ Verzeichnis der Praxisfragen
- ☑ Forschungsergebnisse

Verzeichnis der Praxisfragen

Forschungsergebnisse

Wie ist das Modell entstanden?

Ausgangssituation der Entwicklung des Modells waren erste Forschungen der Autorin 2010 im Rahmen der wissenschaftlichen Begleitung und Evaluation mehrerer Eingewöhnungszyklen zwei- bis dreijähriger Kinder. Seit 2011 vermittelt sie das Modell in Fort- und Weiterbildungen und es wird bundesweit in zahlreichen Kindertageseinrichtungen implementiert und umgesetzt.

Seit 2018 betreibt sie empirische Studien zur Bedeutung der Peer-Beziehung/Peer-Interaktion im Prozess der Eingewöhnung in der Krippe. Sie untersucht im Rahmen einer qualitativen und rekonstruierenden ethnografisch genutzten Videostudie die Bedeutung der Peer hinsichtlich des sozialen Verhaltens, der Beziehung und der konkret stattfindenden Interaktion innerhalb der Peergroup in der Phase der Eingewöhnung in Kinderkrippen. Die Studie basiert auf Videosequenzen, die die Interaktion von Krippenkindern in der Peer im Rahmen der Eingewöhnung zeigen. Der Fokus liegt auf der Erforschung von Mikroprozessen kommunikativer/interaktiver Handlungen im natürlichen Geschehen der Eingewöhnung in der Krippe. Ziel ist es, Aussagen über die Bedeutung der Peer/Peerbeziehungen im Prozess der Eingewöhnung bei Krippenkindern zu erlangen.

Ergebnisse der Evaluation

Die aktuellen Erkenntnisse basieren auf Erhebungen mittels teilnehmender Beobachtung, Eingewöhnungsprotokollen, Fragebögen (jeweils für Fachkräfte und Familien) und vor allem der Videografie von Eingewöhnungszyklen in der Peer mit jeweils drei bis fünf Kindern im Alter von eins bis drei Jahren (Fink 2011, 2018 und 2021), welche sowohl quantitativ als auch qualitativ ausgewertet wurden.

Die **Dauer der Begleitung** durch die familialen Bezugspersonen zeigte sich mit Eingewöhnungszyklen von Einzeleingewöhnungen, z. B. entsprechend dem Berliner Modell, vergleichbar.

Auswertungen in Bezug auf den **Beziehungsaufbau der Kinder zu den Eingewöhnungsfachkräften** zeigen, dass es in keiner der ausgewerteten Eingewöhnungsphasen die Situation gab, dass Kinder zu keiner der beiden Fachkräfte eine Beziehung aufbauen konnten. Auswertungen von Rückmeldungen der familialen Bezugspersonen zeigen, dass 12 % der Kinder eine Beziehung zu einer bestimmten Fachkraft, 30 % der Kinder vergleichbar intensive Beziehungen zu beiden Fachkräften und nahezu 60 % der Kinder Beziehungen von unterschiedlicher Intensität aufbauen konnten. Eine wechselnde Beziehung zwischen beiden Fachkräften zeigt sich nur in Ausnahmefällen. Dies zeigt, dass die Kinder nicht auf eine Eingewöhnungsfachkraft fixiert sind bzw. dass sie die positiven Erfahrungen, die sie mit einer der beiden Fachkräfte gemacht haben, bei Bedarf auf die zweite Fachkraft übertragen können.

Hinsichtlich der **Verabschiedungen** wurde von Seiten der Fachkräfte im Vergleich zu Einzel-Eingewöhnungen keine Häufung von Bindungsverhalten wahrgenommen. Befürchtungen der Fachkräfte und Familien im Vorfeld, dass die Anwesenheit mehrerer Kinder (und Erwachsener) die Qualität des Beziehungsaufbaus zu den Fachkräften mindert und somit die Trennung erschwert, wurden nicht bestätigt.

Die **Erweiterung der Peer** durch die teilweise bzw. komplette Öffnung in die Gesamtgruppe wird mehrheitlich von den eingewöhnenden Kindern positiv wahrgenommen. Die Auswertung von Fragebögen und Eingewöhnungsprotokollen der familialen Bezugspersonen zeigen, dass 80 % ein interessiertes und lediglich 20 % der Kinder ein unsicheres Verhalten, bezugnehmend auf die Erweiterung der Peer gezeigt haben. Deutlich wird zudem, dass in keiner der ausgewerteten Eingewöhnungsphasen die Situation vorlag, dass Kinder sich ignorierend, regredierend oder irritierend innerhalb der Erweiterungsphase verhalten haben.

Die **Eingewöhnung der Kinder im Tandem** wird in den Evaluationsprojekten ausschließlich als positiv wahrgenommen. Die befragten Eingewöhnungsfachkräfte schätzen den professionellen kollegialen Austausch, die gemeinsame Reflexion und die gemeinsame Verantwortung bei Entscheidungen hinsichtlich des weiteren Vorgehens und Verlaufs der Eingewöhnungsphase.

Die qualitative Auswertung der Fragebögen der Familien verweist auf den positiven Charakter der Eingewöhnung in der Peer mit der Perspektive auf ein **kindorientiertes, alltagsnahes Setting**, wenn mehrere Kinder gleichzeitig aufgenommen werden. Die gesamte Phase der Eingewöhnung wird nicht nur mit Blick auf die Peer der Kinder, sondern auch die der Familien als entspannt und entlastend empfunden. Die Bezugspersonen schätzen die Möglichkeit, sich untereinander auszutauschen und sich in der Trennungssituation gegenseitig zu unterstützen.

Die ethnografischen Beobachtungen und Videointeraktionsanalysen zeigen, dass die Kinder in nahezu allen begleiteten Eingewöhnungszyklen bereits am ersten Tag in Anwesenheit der familialen Bezugspersonen **Interesse an den anderen Kindern zeigen**, mit Peers intensiv, dynamisch und nachhaltig in Interaktion treten und im Raum explorieren. Peers zeigen von Beginn an ein Verständnis für die Gruppe, was sich durch wartende Blicke zur Türe, Nennung des Namens des Kindes, welches noch fehlt, oder vorbereitende Aktivitäten, wie z. B. das Vorbereiten eines Sitzpolsters oder das Bereithalten eines bestimmten Spielmaterials, zeigt. Innerhalb der Gruppen zeigen sich unterschiedliche Konstellationen, deren Ursachen im Entwicklungsstand der Kinder, individuellen Bildungsinteressen und Bedürfnissen, Peer-Erfahrungen und der Attraktivität der Spielpartner:innen und des Spielmaterials begründet liegen. Bestimmte Vorlieben, Sympathien und Handlungsmuster der einzelnen Kinder können identifiziert werden.

Teilweise können in den Videosequenzen **Interaktionsbemühungen der Fachkräfte** oder auch der Bezugspersonen analysiert werden, welche von den Kindern **sichtbar ignoriert werden**, wenn diese sich gerade konzentriert mit Peers auseinandersetzen und/oder die Beziehung/das Interesse noch nicht stabil genug ist, um in Interaktion zu treten. Ebenfalls sind Situationen sichtbar, in welchen Interventionen der Fachkräfte Peer-Prozesse nahezu stören und Impulse zum Abbruch führen. Bedürfnisorientierte Spielimpulse werden von der Peergroup/einzelnen Peers interessiert wahrgenommen und ermöglichen den Fachkräften, die Beziehung zu den Kindern aufzubauen und zu intensivieren, aber auch durch einen darauffolgenden angemessenen Rückzug die Peerbeziehung und -interaktion zu gewährleisten und zu stärken.

In belastenden Situationen wie Trennungsphasen und Momenten mit verstärktem Bindungsverhalten bzw. emotionaler Belastung unternehmen die Kinder gegenseitige Tröstungsversuche durch Spielangebote, das Angebot von Kuscheltieren, Trinkflaschen etc. oder leiden empathisch mit.

Literaturverzeichnis

Ahnert, L. (2007): „Von der Mutter-Kind zur Erzieherinnen-Kind-Bindung?". In: Becker-Stoll, F. & Textor, M. (Hrsg.): *Die Erzieherin-Kind-Beziehung*. Berlin: Cornelsen Verlag. 31–41.

Ahnert, L. (2020): „Der Zusammenhang von Bildung und Bindung". In: Roos, J. & Roux, S. (Hrsg.): *Das große Handbuch Frühe Bildung in der Kita*. Hürth: Wolters Kluwer. 111–118.

Ahnert, L. (32014): „Bindungsbeziehungen außerhalb der Familie: Tagesbetreuung und Erzieher/innen-Kind-Bindung". In: Ahnert, L. (Hrsg.): *Frühe Bindung. Entstehung und Entwicklung*. München/Basel: Reinhardt. 256–277.

Ainsworth, M. (1967): *Infancy in Uganda Infant Care and the Growth of Love.* Baltimore: Johns Hopkins University Press.

Becker-Stoll, F. (2014): *Bindung, Eingewöhnung und Qualität in der Kita.* (https://www.nifbe.de/fachbeitraege/beitraege-von-a-z?view=item&id=418&catid=33&showall=&start=3, zuletzt abgerufen am 01.07.2022).

Becker-Stoll, F. (2015): *Gute Krippen – gut für Kinder.* (https://www.familienhandbuch.de/babys-kinder/entwicklung/saeugling/bindung/BindungsentwicklungundfruehkindlicheBildung.php, zuletzt abgerufen am 17.07.2022).

Bowlby, J. (1975): *Bindung: Attachement. München: Kindler.*

Datler, W. & Funder, A. & Hover-Reisner, N. & Fürstaller, M. & Ereky-Stevens, K. (2012): „Eingewöhnung von Krippenkindern: Forschungsmethoden zu Verhalten, Interaktion und Beziehung in der Wiener Krippenstudie". In: Viernickel, S. & Edelmann, D. & Hoffmann, H. & König, A. (Hrsg.): *Krippenforschung. Methoden, Konzepte, Beispiele*. München/Basel: Reinhardt. 59–73.

Drieschner, E. (2011): *Bindung und kognitive Entwicklung – ein Zusammenspiel: Ergebnisse der Bindungsforschung für eine frühpädagogische Beziehungsdidaktik.* München: Weiterbildungsinitiative Frühpädagogische Fachkräfte (WiFF).

Fink, H. (2011): *Implementierung eines innovativen Eingewöhnungsmodells – Chancen und Risiken der Eingewöhnung in der Peer.* (Unveröffentlichtes Manuskript).

Fink, H. (2018): „In der Peer starten wir! Krippenkinder unterstützen sich gegenseitig – ein innovatives Modell zur Eingewöhnung". In: *TPS – Theorie und Praxis der Sozialpädagogik*. Ausgabe 07/2018. 18–21.

Fink, H. (2020): „Gemeinsam in der Kita ankommen. Eingewöhnung in der Peergroup". In: *Klein & Groß.* Ausgabe 05/2020. 20–23.

Fink, H. (2022): *Die Eingewöhnung in der Peer – Das Tübinger Modell.* (https://www.kita-fachtexte.de/fileadmin/Redaktion/Publikationen/220327_KitaFachtexte_Fink_02.pdf, zuletzt abgerufen am 18.10.2022).

Fried, L. (2004): „Kindergartenkinder ko-konstruieren ihr Wissen über die soziale Welt. Eine Exploration inszenierter Handpuppenspiele". In: Fried, L. & Büttner, G. (Hrsg): *Weltwissen von Kindern. Zum Forschungsstand über die Aneignung sozialen Wissens bei Krippen- und Kindergartenkindern*. Weinheim: Juventa. 55–77.

Fthenakis, W. E. (2003): „Pädagogische Qualität in Kindertageseinrichtungen für Kinder". In: Fthenakis, W. E. (Hrsg.): *Elementarpädagogik nach Pisa: Wie aus Kindertagesstätten Bildungseinrichtungen werden können*. Freiburg: Herder. 208–242.

Fthenakis, W. E. (2009): „Ko-Konstruktion durch Zusammenarbeit". *In: didacta Kinderzeit – Zeitschrift für Pädagogik und Bildung. Ausgabe 3/2009*. 8–13.

Griebel, W. & Niesel, R. (2020): *Übergänge verstehen und begleiten. Transitionen in der Bildungslaufbahn von Kindern*. Berlin: Cornelsen.

Grossmann, K. & Grossmann, K. E. & Gerwig, K. (2017): „Nicht einmischen – unterstützen". In: *TPS Spezial – Theorie und Praxis der Sozialpädagogik*. 12–15.

Grossmann, K. & Grossmann, K. E. (2012): *Bindungen – Das Gefüge psychischer Sicherheit*. Stuttgart: Klett-Cotta.

Grossmann, K. & Grossmann, K. E. (Hrsg.) (2009): *Bindung und menschliche Entwicklung. John Bowlby, Mary Ainsworth und die Grundlagen der Bindungstheorie*. Stuttgart: Klett-Cotta.

Howes, C. & Hamilton, C. E. (1992): „Children's Relationships with Child Care Teachers: Stability and Concordance with Parental Attachments". In: *Child Development* 63(4). 867–878.

Keller, H. (2019): *Mythos Bindungstheorie: Konzept – Methode – Bilanz*. Weimar: verlag das netz.

König, A. (2009): *Interaktionsprozesse zwischen ErzieherInnen und Kindern. Eine Videostudie aus dem Kindergartenalltag*. Wiesbaden: VS Verlag für Sozialwissenschaften.

Korpiun, M. & Tchelebi, N. & Thiele, M. (2017): *Vom ICH zum WIR. Warum wir ein neues Menschenbild brauchen*. Hamburg: BoD – Books on Demand.

Laewen, H.-J. & Andres, B. & Hédervári, É. (2007): *Die ersten Tage – ein Modell zur Eingewöhnung in Krippe und Tagespflege*. Berlin: Cornelsen.

Niesel, R. (2010): „Der Übergang ist eine herausfordernde Entwicklungsaufgabe". In: Hessisches Ministerium für Soziales und Integration (Hrsg.): *Kinder in den ersten drei Lebensjahren: Was können sie, was brauchen sie?* 90.

Piaget, J. (1972): *Sprechen und Denken des Kindes*. Frankfurt: Ullstein.

Remsperger, R. (2011): *Sensitive Responsivität. Zur Qualität pädagogischen Handelns im Kindergarten*. Wiesbaden: VS Verlag für Sozialwissenschaften.

Rücker, A. (2022): *Peereingewöhnung als innovatives Eingewöhnungsmodell. Planung und Umsetzung im Kindertagesstättenbereich*. (Unveröffentlichte Bachelorarbeit im Studiengang Sozialpädagogik & Management, Stuttgart).

Schmitt, A. & Simon, E. (2020): *Ko-Konstruktion in der Kita-Praxis*. Hürth: Carl Link.

Schneider, K. & Wüstenberg, W. (2014): *Was wir gemeinsam alles können: Beziehungen unter Kindern in den ersten Lebensjahren*. Berlin: Cornelsen.

Deutscher Bundestag (o. J.): Achtes Buch des Sozialgesetzbuchs (SGB VIII) – Kinder und Jugendhilfe. § 22 SGB VIII Grundsätze der Förderung. (https://www.sozialgesetzbuch-sgb.de/sgbviii/22.html, zuletzt abgerufen am 22.07.2022).

Stern, D. N. (2005): *Der Gegenwartsmoment. Veränderungsmomente in Psychoanalyse, Psychotherapie und Alltag*. Frankfurt am Main: Brandes & Apsel.

Suess, G. & Burat-Hiemer, E. (2009): *Erziehung in Krippe, Kindergarten, Kinderzimmer – Kinder fordern uns heraus*. Stuttgart: Klett-Cotta.

Sylva, K. & Melhuisch, E. & Sammons, P. & Siraj, I. (2003): *The Effective Provision of Pre-School Education Project. Findings from the Pre-School Period*. London: Institute of Education. University London.

Von Salisch, M. (2000): „Zum Einfluss von Gleichaltrigen (Peers) und Freunden auf die Persönlichkeitsentwicklung". In: Amelang, M. (Hrsg.): *Determinanten individueller Unterschiede. Göttingen: Hogrefe.* 345–405.

Von Salisch, M. (2016): „Die psychologische Perspektive: Persönlichkeitsentwicklung". In: Köhler, S. (Hrsg.): *Handbuch Peerforschung*. Opladen: Verlag Barbara Budrich. 75-87.

Winner, A. & Erndt-Doll, E. (2009): *Anfang gut? Alles besser! Ein Modell für die Eingewöhnung in Kinderkrippen und anderen Tageseinrichtungen für Kinder*. Berlin: verlag das netz.

Wolf, B. (1987): „Zum Konstrukt der emotionalen Zuwendung von Erzieherinnen im Kindergarten". In: *Psychologie, Erziehung und Unterricht* (34). 223–336.

Wüstenberg, W. & Schneider, K. (2021): *ICH – DU – WIR. Wie Kinder in den ersten drei Lebensjahren ihre Beziehungen miteinander gestalten*. Berlin: wamiki.

Wygotski, L. S. (1987): *Ausgewählte Schriften II. Arbeiten zur Entwicklung der Persönlichkeit*. Köln: Pahl-Rugenstein.

Youniss, J. (1994): *Soziale Konstruktion und psychische Entwicklung*. Frankfurt am Main: Suhrkamp.

Yulo, L. & Kiem, D. (2020): Regionales Bildungsbüro – Fachtag Sprache. (https://bildungsregion.rv.de/site/LRA_RV_Bildungsbuero_2017/get/documents_E63179652/chancenpool/Mediathek_LRA_RV_Bildungsbuero/Aktuelles/2020/2020-10-17-ws5_handout.pdf, zuletzt abgerufen am 17.07.2022).

L

Zentner, M. (2000): „Das Temperament als Risikofaktor in der frühkindlichen Entwicklung". In Petermann, F. & Niebank, K. & Scheithauer, H. (Hrsg.): *Risiken in der frühkindlichen Entwicklung: Entwicklungspsychopathologie der ersten Lebensjahre*. Göttingen/Bern: Hogrefe.

Glossar: Alles eine Frage der Definition

Eltern, Familie, familiale Bezugsperson?

Familienstrukturen verändern sich im Laufe der Zeit. Mit dem Wissen über verschiedene Lebensentwürfe abseits der Vorstellungen von und Erwartungen an die bürgerliche Kernfamilie, werden in diesem Ratgeber unterschiedliche Begriffe für die aus emotionaler und sicherheitsgebender Sicht relevanten Bezugspersonen der Kinder verwendet. Verwandtschaftliche, biologische und rechtliche Bezüge sind dabei nicht allein maßgeblich.

Beziehungsperson, Bindungsperson, Bezugsperson?

Wie definiert man Bindung, wie Beziehung? Welche Rolle und welchen Auftrag schreibt man Personen zu, die mit Kindern von Beginn an – familiär und institutionell – in Beziehung stehen? Was genau bestimmt, wer Bezugsperson des Kindes ist? Bindungsbeziehungen sind die verhaltensbiologische Grundlage kindlichen Lernens. Durch das Zeigen von Bindungsverhalten stellt das Kind Nähe zu Bindungspersonen her. Bindung und Exploration stehen in direktem Zusammenhang: Fühlt sich das Kind sicher, kann es explorieren.

Entscheidend für die kindliche Entwicklung ist immer die Qualität der Beziehung. Bringt das Kind seitens der Familie positive Beziehungserfahrungen mit, kann es diese in der Kita auf Fachkräfte und Peers übertragen. Ist dem nicht so, können die Fachkräfte dies durch eine qualitativ hochwertige Beziehungs- und Interaktionsqualität kompensieren. Aus professioneller Sicht ist bedeutsam, die Entwicklung und Bedürfnisse des Kindes und nicht die hierarchische Einstufung *Bindung oder Beziehung* als Grundlage pädagogischer Arbeit zu sehen. Und wer Bezugsperson(en) ist bzw. sind, entscheidet immer auch das Kind!

Kind-Fachkraft-Interaktion oder Fachkraft-Kind-Interaktion?

Geht es um den Aufbau einer Beziehung, bietet sich die Fachkraft dem Kind als Spiel- und Interaktionspartner:in an. Das Kind entscheidet, ob es temporär oder langfristig ein Interesse an dieser Beziehung hat. Steht der Einsatz professioneller Interaktionsmethoden und methodisch-didaktischer Vorgehensweisen im Vordergrund, geht die Initiative, der Zeitpunkt, die Wahl des Gegenstandes, etc. von der Fachkraft aus und wird *mit* dem Kind weiterentwickelt.

Über die Autorin

Heike Fink

Heike Fink arbeitet als Dozentin an der Evangelischen Hochschule Ludwigsburg im Studiengang *Bildung und Erziehung im Kindesalter – Kindheitspädagogik*. Ihre Lehr- und Forschungsschwerpunkte liegen im Bereich der Praxis und Praxisforschung und im Sozialmanagement.

Das Thema *Eingewöhnung in der Peer* hat sie bereits 2010 in der Doppelfunktion als Einrichtungsleitung und Wissenschaftlerin zu ihrem Schwerpunkt im Bereich der Praxis und Praxisforschung gemacht und darauf aufbauend das *Tübinger Modell der Eingewöhnung in der Peer* entwickelt, welches fortlaufend durch wissenschaftliche Begleitung von Implementierungsprozessen und Evaluationen optimiert wurde. In aktuellen Forschungprojekten beschäftigt sie sich mit der Bedeutung von Peer-Beziehungen und Peer-Interaktionen bei Übergängen im Rahmen eines peerversierten Eingewöhnungsmodells, um die Bedeutung des Modells empirisch zu belegen

Freiberuflich ist sie als Fortbildungsreferentin, Organisationsberaterin und wissenschaftliche Begleiterin für Träger und Kindertageseinrichtungen tätig.

Nachgefragt

Wofür würden Sie mitten in der Nacht aufstehen?
Um auf Reisen zu gehen … ansonsten bin ich eher diejenige, die auf die Snooze-Taste drückt.

Welche Sprachen sprechen Sie?
Ich habe ein Faible für die französische Sprache. Im direkten Gespräch, in Literatur und Film und ich höre auch gerne französischsprachige Musik

Gehen Sie bei Rot über die Ampel, wenn kein Auto kommt?
Ja, ich gehe bei Rot über die Ampel. Kleine Regelüberschreitungen machen das Leben spannender. Ich habe im Blick, ob sich Kinder in der Nähe aufhalten, aber auch für sie ist es wichtiger, in der Lage zu sein, den Verkehr einschätzen zu können, als blind einer Fußgängerampel zu vertrauen.

Mein Dank geht an Beate Braig für den inspirierenden und bereichernden Austausch und ihre Lust, als Multiplikatorin meines Modells tätig zu sein.

In dieser Reihe sind bereits erschienen:

Schwierige Elterngespräche in der Kita – und wie sie gelingen
ISBN: 978-3-96046-078-7

Portfolio, Lerngeschichten & Co.
Entwicklungsschritte von Kita-Kindern erkennen, sichtbar machen und dokumentieren
ISBN: 978-3-96046-077-0

Alltagsintegrierte Sprachbildung in der Kita
Die Sprachentwicklung von Kindern wahrnehmen, begeleiten und unterstützen
ISBN: 978-3-96046-081-7

Plötzlich Gruppenleitung
Teamführung und Kinderbetreuung in der Kita erfolgreich meistern
ISBN: 978-3-96046-082-4

Teamentwicklung in der Kita
Wie Sie ein Team bilden, stärken und begleiten
ISBN: 978-3-96046-145-6

Kinder in der Krippe achtsam begleiten
Frühe Förderung und Betreuung von Krippenkindern
ISBN: 978-3-96046-170-8

Kinder mit erhöhtem Förderbedarf
Inklusion, Integration und Förderung gemeinsam in der Kita leben
ISBN: 978-3-96046-183-8